說話不能太白癡2

社交達人速成班開課囉！

贏家系列：23

說話不能太白癡2：社交達人速成班開課囉！

編　　著　李子凡
出 版 者　大拓文化事業有限公司
責任編輯　洪惠玲
美術編輯　姚恩涵

總 經 銷　永續圖書有限公司
劃撥帳號　18669219
地　　址　22103 新北市汐止區大同路三段一九十四號九樓之一
TEL　(〇二)八六四七—三六六三
FAX　(〇二)八六四七—三六六〇
E-mail　yungjiuh@ms45.hinet.net
網　　址　www.foreverbooks.com.tw

CVS代理　美璟文化有限公司
TEL　(〇二)二七二三—九九六八
FAX　(〇二)二七二三—九六六八

法律顧問　方圓法律事務所　涂成樞律師

出 版 日◇二〇一七年十一月

國家圖書館出版品預行編目資料

說話不能太白癡2：社交達人速成班開課囉！
/ 李子凡編著. -- 初版.
-- 新北市 : 大拓文化, 民106.11
面 ;　公分. -- (贏家系列 ; 23)
ISBN 978-986-411-061-2(平裝)
1.說話藝術　2.口才
192.32　106016367

前言

從一個人的語言中，可以推測出這個人的性格、文化層次和禮貌修養，你給別人留下的印象，大部分來自語言。

口才是一個人思維的體現。一個能言善道、善於清晰表達自我的人，他做起事情來一定是思路清晰、條分縷析，因此更容易做出業績，也更容易被人發掘。

如今，人們會把說話作為衡量優秀人才的重要尺度之一，比如，企業招募人才時，口試是必需的。在日本，很多大型公司在招募人才時，甚至專門就面試者的說話能力進行了規定，其規定內容還以條文的形式一一列舉，其中包括以下諸條：應徵者聲若蚊子者，不予錄用；說話做不到抑揚頓挫者，不予錄用；交談時，說不到重點者，不予錄用；答問時，無法做到乾淨俐落者，不予錄用；說話無生氣者，不予錄用；說話前後矛盾、顛三倒四，甚至不知所云者，不予錄用等。

或許，日本的這些大公司這樣做顯得很苛刻，但是，這也反映了一個事實，那就是一個人會不會說話與他的事業之間有著密切的關係，是否會說話在某種程度上決定了他是否能夠勝任本職工作。

總而言之，透過說話讓上司、同事、朋友、親人等更深層次地瞭解你，可以加深大家對你的好感和信任，你才有機會升到高位，得到自己想要的。所以，掌握說話的藝術是現代人成功的必備條件之一，也是我們日常生活中應當多加鍛鍊的。

PART 1 怎樣說，才能與陌生人一見如故

CONTENTS

PART 2

用心聆聽，聽明白再開口

PART 3

軟硬兼施，竭力說服他人

CONTENTS

PART 5

善意的謊言也可以是最美的語言

CONTENTS

PART 1

怎樣說，才能與陌生人一見如故

01 做好第一個五分鐘的攀談

交際的點，就在於他們相互接觸的第一個五分鐘。
——倫納得・朱尼【美國】

人們第一次相遇，需要多少時間決定他們能否成為朋友？

美國倫納得・朱尼博士在所著的一本書中說：「交際的點，在於他們相互接觸的第一個五分鐘。」他認為：人們接觸的第一個五分鐘主要是交談。在交談中，你要對所接觸的對象談的任何事情都感興趣。無論他從事什麼職業，講什麼語言，以什麼樣的方式，對他說的話都要耐心傾聽。如果你這樣做了，你會覺得整個世界是充滿無比情趣的，你將交到無數的朋友。

然而許多人跟陌生人說話都會感到拘謹。先建議你考慮一個問題，為什麼你跟老朋友談話不會感到困難？很簡單，因為你們已經相當熟悉。相互瞭解的人在一起，會感到自然協調。而對陌生人卻一無所知，特別是進入了充滿陌生人的環境，有些人甚至會有不自在和恐懼的心理。你要設法把陌生人變成老朋友，首先要在心目中建立一種樂於與人交朋友的願望，心裡有這種要求，才能有行動。

以初到一個陌生人家去拜訪為例：如果可以，首先應當對要拜訪的客人作些瞭解，探知對方一些情況，關於他的職業、興趣、性格之類的。

當你走進陌生人住所時，你可憑藉自己的觀察力，看看牆上掛的是什麼？國畫、攝影作品、樂器……都可以推斷出主人的興趣所在，甚至室內某些物品會牽引起一段故事。如果你把它當成一個線索，就可以由淺入深地瞭解主人心靈的某個層面。當你抓到一些線索後，就不難找到開場白了。

應當注意的是，有些人你雖然不喜歡，但仍必須學會與他們談話。當然，人都有以自我興趣為中心的習慣，如果你對自己不感興趣的人不瞥一眼，一句話都不說，恐怕也不是件好事。別人會認為你很驕傲，甚至有些人會把這種冷落當做侮辱，因此產生隔閡。

和自己不喜歡的人談話時，第一要有禮貌；第二不要談論有關雙方私人的事，這是為了使雙方自然地保持適當的距離，一旦你願意和他結交，就要一步一步設法縮小這種距離，使雙方容易接近。

在你決定和某個陌生人談話時，不妨先介紹自己，給對方一個接近的線索，你不一定先介紹自己的姓名，因為這樣人家可能會感到唐突。不妨先說說自己的工作單位，也可以問問對方的工作單位。一般情況，你先說說自己的情況，人家也會相應告訴你他的一些相關情況。

接著，你可以問一些有關他本人的但又不屬於祕密的問題。如果對方有一定年紀，你可以向他問子女在哪裡讀書，也可以問問對方公司一般的業務情況。對方談了之後，你也應該順便談談自己的相應情況，才能達到互相交流的目的。

和陌生人談話，要比對老朋友更加留心對方的談話，因為你對他所知有限，更應當重視已經得到的任何線索。此外，他的聲調、眼神和回答問題的方式，都可以揣摩一下，以決定下一步是否能縱深發展。

如果遇到那種比你更羞怯的人，你更應該跟他先談些無關緊要的事，讓他心情放鬆，以激起他談話的興趣。和陌生人談話的開場白結束之後，特別要注意話題的選擇。那些容易引起爭論的話題要儘量避免，為此當你選擇某種話題時，要特別留心對方的眼神和小動作，一發現對方有厭倦或轉而冷淡的情緒出現，應立即轉換話題。

在與人聚會時，常常會碰到請教姓名的事，「請問您尊姓大名」。你要牢牢記住對方的姓名，對方說出姓名之後，你應立即用這個名字來稱呼他，當你碰到一個可能已經忘記了的人，你可以表示抱歉。

「對不起，不知怎麼稱呼您？」

也可以說半句「您是——」

「我們好像——」，意思是想請對方主動補充回答，如果對方老練就會自然地接下去。

順利地與陌生人開始攀談，給人一個好印象，累積人脈資源為你所用。學會和陌生人攀談，誰都可能成為你的朋友。

語言大師精華提要

有人認為，見面談談天氣是件無聊的事。其實，這要具體問題具體分析。如果一個人說：「這幾天的雨下得真好，否則田裡的稻苗就要乾死了。」而另一個則說：「這幾天的雨下得真糟，我們的旅行計劃全都泡湯了。」你不是也可以從這兩句話中分析兩人的興趣、性格嗎？退一步來說，光是敷衍性的話，在熟人中意義不大，但對與陌生人的交往還是有作用的。

02 與初識的人尋找共同話題

根據一個人的興趣可以判斷他的性格。

——歌德【德國】

俗話說「酒逢知己千杯少」，我們在和陌生人交往時，不妨多多尋求彼此在興趣、性格、閱歷等方面的共同之處，使雙方在越談越投機的過程中獲得更多關於對方的資訊，迅速拉近距離，增進感情。

美國耶魯大學的威廉·費爾浦斯教授，是個有名的散文家。他在散文《人類的天性》中寫道：

在我八歲的時候，有一次到莉比姑媽家度週末。傍晚時分，有個中年人慕名來訪，但姑媽好像對他很冷淡。他跟姑媽寒暄過一陣之後，便把注意力轉向我。那時，我正在玩模型船，而且玩得很專注。

他看出我對船隻很感興趣，便滔滔不絕講了許多有關船隻的事，而且講得十分生動有趣。等他離開之後，我仍意猶未盡，一直向姑媽提起他。姑媽告訴我，他是一位律師，根本不可能對船隻感興趣。

「但是，他為什麼一直跟我談船隻的事呢？」我問道。

「因為他是個有風度的紳士。他看你對船隻感興趣，為了讓你高興並贏取你的好感，他當然要這麼說了。」

談論別人感興趣的話題很容易拉近人與人之間的距離。對於這一點，下面的例子可以作證。

住在馬里蘭州的愛德華．哈里曼，退伍之後選擇了風景優美的坎伯蘭谷居住。但是在這個地區很難找到工作。哈里曼透過查詢得知一位名叫方豪瑟的企業家，控制了附近一帶的廠家。

這位白手起家的方豪瑟先生頗引起哈里曼的好奇心，他決定去造訪這位難以接近的企業家。哈里曼如此記載這段經歷：

透過與附近一些人的交談，我知道方豪瑟先生最感興趣的東西是金錢和權力。他聘用了一位極忠誠又嚴厲的祕書，徹底執行不讓求職者接近的任務。之後我又研究了這位祕書的愛好，然後出其不意地到她的辦公室。

這位祕書擔任保護方豪瑟的工作已有十五年之久，見到她後，我開門見山地告訴她，我有一個計劃可以讓方豪瑟先生在事業和政治上大獲其利。她聽了頗為之動容。接著，我又開始稱讚她對方豪瑟先生的貢獻。這次交談使她對我產生了好感，隨後她為我定了一個時間會見方豪瑟先生。

進到豪華巨大的辦公室之後，我決定先不談找工作的事。那時，他坐在一張大辦公桌後面，用如雷的聲音問道：「有什麼事，年輕人？」

我答道：「方豪瑟先生，我相信我可以幫你賺到許多錢。」

他立刻起身，引我坐在一張大椅子上。我便列舉了好幾個想好的計劃，都是針對他個人的事業和成就的。

果然，他立刻聘用我。二十多年來，我一直在他的事業裡與他共同成長。

談論別人感興趣的話題，對雙方都有好處。不僅可以讓人對你產生興趣，欽佩你，而且可以使自己更關心別人，關心他人對自己的要求。

語言大師 精華提要

與陌生人交談要積極尋找話題，但要注意，此時的話題不宜海闊天空，否則會給對方留下輕浮、不可信任的印象而影響交談的進行。

另外，要儘量多給對方說話的機會，自己盡可能退居配角的位置上，且不時為對方尋找話題，以免冷場。

03 多準備一些話題以免無話可說

人際關係最重要的，莫過於真誠，而且是要出自內心的真誠。真誠在社會上是無往不利的一把劍，走到哪裡都應該帶著它。

——三毛

當你面對一個從未謀面的陌生人，第一個問題就是如何與他開始交談，這個時候話題就十分重要。在很多情況下，你或許會因為緊張或是一些別的原因等等，忘掉了自己要說的話。這種時候你不妨多準備一些話題，例如，你可以從下列話題中選擇兩到三個，與對方交談。

比如，對方可能感興趣的事；衣、食、住、愛好、娛樂；令人感動、感傷的事；家人、家庭、氣候變化；旅行及有價值的話；利益及有關賺錢的事；新聞、時事問題；一些人生經驗、人生經歷的話；關於對方工作的話題。

但是，在與人談話時你一定要表達出你的真誠，否則，不僅得不到自己想要的結果，甚至會給別人留下很差的印象。

例如，你在表達看法或建議、要求時，話講得慢一些，較容易給人誠實的印象。提要求時，若能以輕聲的口氣說，會較容易讓人相信和接受；與人交談的時候，上半身往前傾斜，可表現出你對交談者和所談的事的強烈關心；「星期日也無妨，隨時隨地聽您的吩咐。」這句話可使對方感覺到你的誠意；認真時，有認真的表情，好笑時，則儘量去笑，會給人感性良好的印象。

與客人或朋友、同事握手，走得比常規距離更近一些能表示你的友好和熱情；恪守在談笑間所訂的諾言，可加深對方認為你很誠實的印象，以手勢配合講話，比較容易把自己的熱情傳達給對方。

另外，在話題的選擇中，還有一些講究必須注意：例如，不談對方深以為憾的缺點和弱點；不談上司、同事以及一些朋友們的壞話；不談人家的隱私；不談不景氣、手頭緊之類的話；不談一些荒誕離奇、黃色淫穢的事情；不詢問婦女的年齡、婚否、家庭財產等事情；不說個人恩怨和牢騷；不說一些尚未明辨的隱衷是非；避開令人不愉快的疾病詳情；忌誇自己的成就和得意之處。

有了話題，才能打開「瓶頸」，接下來的談話才會順利。

語言大師 精華提要

在與陌生人交流的過程中，多準備一些話題可以避免無話可說而遭遇冷場的尷尬局面。

04 多讓對方談關於自己的事

愈是偉大的人，愈會提供別人說話的機會；愈是卑微的人，愈會積極爭取說服別人的機會。

——佚名

許多人存在這樣的偏見：只有在社交場合才需要聆聽別人說話的技巧。其實在與別人第一次見面的時候，也應該讓對方多談談自己的事情，而我們要仔細聆聽。辦事高手總是專心傾聽，而能力平庸的人總是專心於說。

所以，請你務必謹記下面這些現象：許多高階層領導人不論在任何場所，都會用更多的時間徵求別人的意見，而用較少的時間提供別人意見。這些人在下決定時，總不忘記問別人：

「你認為如何呢？」

「你要提供給我什麼意見呢？」

「在這樣的情況下，你會如何解決呢？」

我們也可以換個方式這麼說，這些領導人就像是別人的一部機器，幫助別人做決定的機器。為了生產「決定」，他必須獲取「原料」，而可以作為創造「決定」的「原料」，就是別人的構想或提案。但是，如果你因此而認為這些領導人是在期待別人提供他一個已經完成的決策，那就錯了。

我們希望你向別人徵求意見，是希望你聆聽別人意見，因為別人的意見往往是引發你創造性構想的導火線。你的耳朵就是身體吸收知識的利器，它可以隨時提供你創造決定性構思的「原料」。所以，為了透過聆聽別人說話來強化你的創造力，你可以按照下面的幾個建議做：

一、儘量讓別人有說話機會

即使是一對一的個別談話也應如此，你可以向對方說：「讓我聽聽你的經驗。」

「關於這個問題，你有什麼意見？」用這樣的方式引發對方的思考，創造他說話的機會。而且，你也可能會因為讓他有了說話的機會，而引發他對你的好感。

二、用提出問題的方式補充你的意見

別人的意見可以幫助你把可能有缺漏的意見補充得更周詳、更完整。所以你可以問對方：「關於我的看法，你有什麼意見？」對於任何事情你都不應該過分武斷，而聆聽別人的意見是避免你陷於武斷的最好方法。

三、集中精神聆聽別人的說話

所謂聆聽別人說話並非只是自己不開口，而是不僅要能張開耳朵聽話，也要能開啟心靈聽話。

語言大師 精華提要

多聽陌生人說他自己的事情，我們可以多瞭解對方一點，如此一來，便於我們與對方拉近關係，促進更多的有效溝通。

05 變換話題，激發對方的說話情緒

話不像話最好不說，話不投機最好沉默。

——薩迪【伊朗】

出於防備心理，有些場合人們不喜歡開口和陌生人說第一句話，在這種時候你應該學會變換話題，去激起談話對象的某種情緒，讓他慢慢開始滔滔不絕。

假如你正坐在火車上，你已經坐了很久，而前面還有很長很長的路程。你想與他人講講話，這是人類的群體性在和你作祟，而你要盡力使你的談話顯得有趣和富有刺激性。

坐在你旁邊的一位像是一個有趣的傢伙，而你頗想知道他的底細，於是你便搭訕道：「對不起，你有打火機嗎？」

可是他一句話也不講，只是點點頭，從口袋裡掏出打火機遞給你。你點了一支菸，在還給他打火機時說了聲「謝謝」，他又點了點頭，然後把打火機放進了口袋裡。

你繼續說：「真是一段又長又討厭的旅程，你是否也有這種感覺？」

「是的，真討厭。」他同意著，然而語調中卻包含著不耐煩的意味。

「若看看一路上的稻田，倒會使人高興起來。在稻穀收穫之前的一兩個月，那一定更有趣。」

「唔，嗯！」他含糊地答應著。

這時你再也沒有勇氣說下去了。

你在農業方面，給他一個表現興趣的機會，他若是個農夫，接下來他一定會發表一番他的看法。假若一個話題能引起他的興趣，那麼無論他是如何沉默的人，他也會發表一些言論的。因此你在談話停滯之時，思考了一番後，又重新開始了。

「天氣真好，爽快極了！」你說，「真是個理想的踢球時節。今年秋季有好幾所大學的球隊都很出色呢！」

那位坐在你身旁的乘客直起身來。

「你看理工大學球隊怎麼樣？」他問。

你回答：「理工大學隊很好，雖然有幾個老將已經離隊，但是幾位新人都很不錯。」

「你曾聽說過一個叫李呈安的球員嗎？」他急著問。

你的確聽說過這個球員，也猛然發現此人和李呈安長得很像，立刻毫無疑問地判斷李呈安定於此人有關係。

於是你說：「他是一個強壯有力、有技巧，而且品行很好的年輕人。理工大學隊如果少了這位球員，實力恐怕將會大減。但是李呈安快要畢業了，以後這個隊會如何還很難說。」

這位乘客聽了這話後，便興高采烈談了起來。可見，你激發了他說話的情緒，情緒一上來，就很難控制，談話就會滔滔不絕。

和陌生人談話的場合是不可避免的，那種緊張壓抑的氣氛抑制了大家說話的勇氣，這時，必須想辦法選擇一些適當的話題來挑起一種快樂的情緒，讓所有人都參與到交談當中來。

一九八四年五月，美國總統雷根訪問上海復旦大學。在一間大教室裡，雷根總統面對數百位初次見面的復旦學生，他的開場白是這樣說的：「其實，我和你們學校有著密切的關係。你們的謝希德校長跟我的夫人南茜，都是美國史密斯學院的校友。照此看來，我和在座各位自然也就都是朋友了！」

此話一出，全場鼓掌。

短短的兩句話，就使幾百位黑頭髮黃皮膚的中國學生把這位碧眼高鼻的美國總統當成了十分親近的朋友。接下去的交談自然十分熱烈，氣氛極為融洽。雷根總統能在如此短的時間內打動如此多的陌生人，拉近心理上的距離，靠的就是他緊緊抓住了彼此之間還算親近的關係。

一般說來，對一個素不相識的人，只要事先做一番認真的調查研究，你往往都可以找到或明或暗、或近或遠的親友關係。而當你在見面時及時拉上這層關係，就能一下子縮短彼此的心理距離，使對方產生親近感。

一個人愛不愛說話，關鍵看他的情緒狀況是怎樣的，有很多沉默寡言的人，當其說話的情緒被激發時，也會滔滔不絕。

語言大師 精華提要

對於陌生人來說，你也是陌生人，他會有所拘謹而不太說話也是可以理解的。這時候，我們能做的就是激發對方說話的情緒，為對方調整狀態，以便更好地促進彼此間的交流。

06 避免「高談」，別讓初次交往的對象誤解

人一旦染上多話症，就很難管好自己的舌頭，即使不發表什麼演說，他也會雇上一幫子人去聽他的海闊天空。

——班·強生【英國】

初戀是一種「藝術」，情竇中的人彼此相互接觸，並將豐富的思想、複雜的情懷、微妙的心聲，用恰當的語言表達出來，因而點燃愛的火花。

有許多年輕男女交往的開始都是一見鍾情。一見鍾情，顧名思義是戀愛雙方直覺感官產生的，是由對方的形象、印象決定的，例如外貌、風度、言談等，使男女雙方的鍾情發生在一見之初。

凡是「一見鍾情」的戀人，當觸及「真愛」時，總是這樣敘述：我好像被你深深地吸引住了；我或許愛上了你；你是我接觸的異性中唯一吸引我的心的人；你真的很可愛，只是這時間過得太快了，明天我……

年輕男女很容易「變」友情為戀情。對於這樣形式的戀人，不能去談他們「第一次交談」了，只能說：在經歷了初識至普通朋友的漫長過程中，隨著時間、隨著年齡、隨著互相瞭解和感情的加深，逐漸發展到戀情，並首次坦誠萌芽了的愛情，開啟對方的心扉時，才可以稱為「第一次」。

有些男女屬於性格內向、忠厚老實且不善言語的人。在赴約相見的時候，無論男方或女方，都要克制忐忑不安的心境，用不著羞答答，「猶抱琵琶半遮面」，更不應該木訥寡言，吞吞吐吐。而是要落落大方，主動交談。可以談天氣、談周圍環境、談所見所聞，然後再言歸正傳，談年齡、談文化程度、談工作、談性格、談嗜好、談家庭情況、談社會關係等。

對於是非性的話題，可以談清楚一些，有利於雙方的瞭解，以免將來產生誤會。對於心靈深處的流露、情感方面的表白，可含蓄、委婉、曲折些，這畢竟是「第一次交談」，留點懸念或許下次交談時易於「暢談」。需要注意的是，交談的雙方，都必須注意以適宜對方理解、接受能力為基礎，不然你的「高談」對方一知半解，可能會造成誤解。

毋庸置疑，所謂第一次跟戀人怎樣進行交談，並非有什麼模式。因為人的性情不同、文化修養不同、氣質不同、職業不同、愛好不同、追求不同，他們的表達方式、言談內容都會不盡相同。但是，根據人的共同規律，可以整體列出一個「大綱」：在理想上要談得遠大些、實際些；在感情上要豐富些、情真意切些；在情態上要表現出誠懇、穩重；在情愛的流露上要含蓄；在學識上要表現得淵博……當然，談戀愛是門高深的學問，更是一門學無止境的藝術，戀愛本身又是多種因素的總和。

語言大師 精華提要

初次交往，最重要的是要給對方一個好印象，如果誇誇其談，有可能招致對方的反感，實在不是什麼明智的做法。

07 從閒聊中加深感情，並作適當調整

沒有一個人類的活動像說話一樣需要小心翼翼，因為沒有一種活動比說話更頻繁、更普通，甚至我們的成敗輸贏都取決於所說的話。

——葛萊西安【西班牙】

有人認為聊天是極為浪費時間的事，豈知一般朋友間的交情多半是從「閒談」開始的。實際上，之所以有些人「能說會道」、關係廣泛，就是因為他們「閒談」的功夫很棒。

但有些人就是不喜歡「閒談」，他們覺得「今天天氣怎麼樣」和「吃過早飯了嗎」

這類的話，都是無聊的廢話，他們不喜歡談，也不屑談。但是他們不知道像這一類看起來好像沒有意義的話，是有一定作用的。什麼作用呢？就是加深朋友間感情的準備作用，就像在踢足球之前，做一些熱身運動一樣。

一般的交談總是由「閒談」開始的，說些看起來好像沒有什麼意義的話，其實就是先使大家輕鬆一下、熟悉一點，形成一種有利交談的氣氛。

交談都是由「閒扯」開始，比如說天氣，因為天氣對於人的生活影響太大了。天氣很好，不妨同聲讚美；天氣太熱，也不妨交換一下彼此的苦惱。如果有颱風、暴雨或是季節性流行病的消息，更值得拿出來談談，因為那是人人都關心的話題。

任何事都需要一個良好的開端，就是交談這樣看似簡單的事情也不例外。當你面對著各式各樣的場合，面對著各式各樣的人物，要做到透過言談拉近彼此間的距離，實在不是一件容易的事。倘若交談一開始話不投機，就不能繼續發展雙方之間的交往，而且還會使得對方感到不快，留下不好的印象。

談話也是對自身資源的一次挖掘，很考驗一個人的知識水準和文化層次，平時除了你最關心、最感興趣的問題之外，你要多儲備一些和別人「閒談」的話題。這些話題應輕鬆、有趣，容易引起別人的注意。

除了天氣之外，還有一些常用的閒談話題：自己鬧過的無傷大雅的笑話；驚險故事；健康與醫藥；家庭問題；運動與娛樂；轟動一時的社會新聞；笑話，等等。

與人閒談是人際交流中必要的環節，但需要注意的是，很多人在閒談中往往掌握不好分寸，甚至說一些不負責任的閒話，而這些閒話中有些會涉及別人的是非，如果說得多了，難免會傷害到一些人。

在人際交往中，人們主要是從交談中瞭解一個人的思想和修養的，即使是非正式場合下的閒談，你的言行也都在透露出你的品德，所以人們會根據一個人的言語對其表示喜歡或排斥。

愛琳決定和她的朋友蘇珊斷絕往來了，因為她實在受不了蘇珊的毛病。

「我和蘇珊經常在一起閒談，本來女人之間聊天閒談也沒什麼，可是蘇珊總喜歡在我面前說別人的是非，而且還都是一些雞毛蒜皮的小事，令人難以忍受。

有一次，她在我面前大談婚姻問題，還提到現在的女孩喜歡和比自己大很多的男人戀愛，她覺得那樣的婚姻沒有互相理解的基礎，有隔代的差距，是不會幸福的。雖然我知道蘇珊的話並沒有針對任何人，但是當時我妹妹就在和比她大很多的男人戀愛，這蘇珊也知道，她的話讓我非常不舒服。

所以我不打算和她繼續做朋友了，與其把時間浪費在聽她閒談別人的是非上，不如和別的朋友在一起聊一些有意義的話題。」

在閒談中，一定要掌握一些技巧，不要隨意地評價某人，即使這個人並不在現場也一樣。談一些大家共同感興趣的話題，避免說一些容易讓大家感到消極的、不願意談及的話題，更不要把自己或別人的隱私當做公共話題來議論。特別是在說笑話或者調侃的時候，不要讓別人感覺你是一個不夠穩重和沒有教養的人。

最好的辦法就是在別人閒談中留心大家感興趣的話題，然後加入進去；或者乾脆談一些諸如經濟、體育、娛樂、天氣等不容易得罪人的話題。需要注意的是，在說話的時候留意對方的反應，以判斷你的話題是否合適，隨時做適當的調整。要避免在說話的時候與人發生爭論，即使有也要想辦法避開。

千萬要記住，不要因為閒談中的無心之舉而失去了朋友。

語言大師 精華提要

與陌生人閒談時，要把握好分寸。注意不要搶對方說話的機會，還要注意對方的談話內容，這也是對別人最起碼的尊重。

08 主動打招呼，讓彼此熟悉

一個會講話的人，不是記得別人說過話的人，而是能說些讓人記得的話。
——曼斯費爾德【美國】

我們每天都與許多陌生人打照面，那麼，如何與陌生人開始交往？下面一個故事或許可以給我們一些啟迪。

二十世紀的三〇年代，一位猶太傳教士每天早晨都到鄉間土路上散步。無論見到誰，總是熱情地打一聲招呼：「早安，您好！」

其中，有一個叫米勒的年輕農民，對傳教士這聲問候，起初反映冷漠。在當時，當地的居民對傳教士和猶太人的態度是很不友好的。然而，年輕人的冷漠，未曾改變傳教士的熱情，每天早上，他仍然給這個一臉冷漠的年輕人道一聲早安。終於有一天，這個年輕人脫下帽子，也向傳教士道一聲：「早安，您好！」

好幾年過去了，納粹黨上台執政。

一天，傳教士與村中所有的人，被納粹黨集中起來送往集中營。在下火車列隊前行的時候，一個指揮官在前面揮動著棒子，叫道：「左，右。」被指向左邊的是死路一條，右邊的則還有生還的機會。

傳教士的名字被這位指揮官點到了，他渾身顫抖，走上前去。當他無望地抬起頭來，目光一下子和指揮官相遇了。

傳教士習慣地脫口而出：「早安，您好！」

指揮官雖然沒有過多的表情變化，但仍禁不住還了一句問候：「早安，您好！」聲音低得只有他們兩人才能聽到。

最後，傳教士被指向了右邊——生還。

猶太傳教士就因為一個習慣性的問候，挽救了他的生命。可見，打招呼是感化他人心靈的特效靈藥。與陌生人結識，不妨從打招呼開始。

在這個社會裡，一個人要想工作順利，發展你的事業，必須能夠把業務上遇到的陌生人變成朋友。在你奔波忙碌時，必然會遇見許多與你業務有關的人。這些人，你只知道他的姓名，甚至連姓名都不知道，你跟他見面時，也不過說兩三句有關業務的話，甚至於有時你只是跟他點一點頭。例如，你經常到某大廈去接洽事務，經常遇見那個大廈的電梯小姐，或是你到貨倉去提貨，經常遇見那個貨倉的守門人，或是你經常到某銀行存款，經常遇見那個櫃檯後面的出納員等諸如此類人員，你不知他姓什名誰，何方人氏，但他們或多或少的都與你的業務有點關係。

你怎樣對待這些人呢？你用什麼態度和他們打招呼？這是一個很微妙也是一個很實際的問題。你是把他們當成一個機器零件呢？還是神氣活現、作威作福大擺你的架子？還是對他們謙恭有禮、和藹親切，把他們當做你的朋友？

有許多人為了謀生出來工作，待遇很低，工作既辛苦，又單調、繁重，平常已經是受累受氣，心煩意亂，如果你對他們神氣活現，或是不理不睬，他們對你也不會有什麼好感，辦起事來，也只顧他們自己的方便，不願給你方便。換句話說，如果你的態度不好，那麼就會到處碰到不方便。但是如果你把他們也當做朋友來看待，對他們有適當的尊敬與關懷，他們即使不知你的姓名，但一看見你的面容，聽到你的聲調就已經有了好感。既然他們對你印象很好，那麼，他們就好像本能一樣，除了自己的方便之外，也會兼顧到你的方便。電梯小姐會多等你幾秒鐘，貨倉的守門人會替你找搬運工友。銀行、保險公司、郵局、物業公司……的職員們，都會在你需要的時候，給你或大或小的方便。實際上，如果你到處都能結交許多業務上的朋友，有許多業務就可以很迅速、順利地辦妥，不但省去了許多手續上的麻煩，還可以避免許多不必要的損失。

如果你對別人抱有友好的態度，對社會有好感，自然會笑口常開，久而久之，微笑就成為你生活的一部分。當你遇見別人時，往往心裡想：「啊！看到你真高興！」並把這種心情表現在臉上，你就會滿面春風。

語言大師 精華提要

對與陌生人結識的第一面，你還應學會對他微笑。微笑是內心愉悅在臉上的自然流露。在人際交往中，沒有什麼東西能比一個陽光燦爛的微笑更能打動人了。

09 尋找對方身上的亮點，讚揚對方的長處

當著真人，別說假話。

——《五燈會元》

「尺有所短，寸有所長。」人人都有可供誇耀的長處，也都有避之唯恐不及的短處。跟初交者交談時，如果以直接或間接地讚揚對方的長處作為開場白，就能使對方高興，進而對你產生好感，交談的積極性也就得到極大激發。反之，如果有意或無意地觸及對方的短處，對方的自尊心受到傷害，就會感到「話不投機半句多」。

被譽為「銷售權威」霍依拉先生的交際訣竅是：初次交談一定要揚人之長避人之

短。有一回，為了替報社拉廣告，他去拜訪梅伊百貨公司總經理。寒暄之後，霍依拉突然發問：「您是在哪兒學會開飛機的？總經理會開飛機可真不簡單啊。」聽到霍依拉這樣說，總經理興奮異常，談興勃發，廣告之事順理成章地安排給了霍伊拉先生。

由此可見，就對方身上的亮點開始談話會得到意想不到的效果。之所以會這樣，也是有依據的。

無數事實證明：每個人都希望被讚美，但關鍵是如何找到別人可讚美的亮點。如果沒有找到別人的亮點而只是盲目地讚美，或者是讚美起來沒完沒了，那後果可就糟糕了。比如我們要是對一位清潔工人進行這樣的讚美：「您真是一位成功人士呀！還具備非凡的氣質，真是一位非常偉大的人！」對方一定會認為我們是神經病，因為這些話好像跟他沒有任何關係。

此外，有些人很善於找到別人身上的亮點，但因為沒有掌握住讚美的分寸，喋喋不休地讚美，那後果也是不可設想的。比如日本超級保險推銷員原一平剛開始運用讚美時就犯下了一個錯誤。

原一平到一位年輕的小公司老闆那裡去推銷保險。進了辦公室後，他便讚美年輕老闆：「您如此年輕就當上了老闆，真了不起呀，在我們日本是不太多見的。能請教一下，您是幾歲開始工作嗎？」

「十七歲。」

「十七歲！天哪，太了不起了，這個年齡很多人都還在父母面前撒嬌呢。那您什麼時候開始當老闆呢？」

「兩年前。」

「哇，才做了兩年的老闆就已經有如此氣度，一般人還真培養不出來。對了，您怎麼這麼早就出來工作呢？」

「因為家裡只有我和妹妹，家裡窮，為了能讓妹妹上學，我就出來工作了。」

「您妹妹也很了不起呀，您們都很了不起呀。」

就這樣一問一讚，讚到了那位年輕老闆的全部親朋好友，也越讚越遠了。最後，這位老闆本來已經打算買原一平的保險，結果也不買了。

後來，原一平才知道，原來那天自己的讚美沒完沒了，本來剛開始時，對方聽到幾句讚美後心裡很舒服，可是原一平說得太多了，搞得他由原來的高興變得不勝其煩了。

由此我們也可以看出：不僅要會找對方的亮點加以讚美，而且要注意讚美的分寸，不要到最後弄得過猶不及。平時到朋友家裡做客時，看到客廳牆上有一幅山水畫，我們往往會情不自禁地讚許道：「這幅畫真不錯，給這客廳平添了幾分神韻，顯出了幾分雅致，誰買的？眼力可真好！」也許，這句話只是我們不經意間隨便說出來的，但與我們交談的人會感到很欣慰，心中的滋味一定很不錯。

所以，我們與陌生人初次接觸時，一番寒暄過後，身旁的一切都可以成為恭維的話題。可以先對於對方的穿著打扮、性格品味等讚歎一番，還可以具體談一下對方的某個具體過人之處等。這樣一來，陌生人很快便會對我們產生好感，繼而願意與我們深交下去。

語言大師 精華提要

對陌生人的長處進行讚美，會讓陌生人對我們心生好感，接下來的交流也會因此變得順利。

10 巧妙介紹自己，讓陌生感頓消

少說話，尤其是當有著比你強的、陌生的、或比你有經驗的、有見識的人在座的時候。

——黑格爾【德國】

在向陌生人作自我介紹時，首先要做的就是自報姓名，但許多人在這方面卻做得不太好，在介紹時只是簡單地報出自己的姓名：「我姓×，叫××。」自以為介紹已經完成，然而這樣的介紹肯定算不上有技巧，也許只過了三、五分鐘，別人已經把他的姓名忘得一乾二淨。這樣，也就無法給別人留下深刻的第一印象。

一個人的姓名，往往存有豐富的文化積澱，或折射凝重的史實，或反映時代的樂章，或寄寓雙親對子女的殷切厚望。因此，推衍姓名能令人對你印象深刻，有時也會令人動情。

學會以下幾個技巧，也許會讓你的自我介紹獲得更好的效果。

一、利用名人式

在新生見面會上，代玉自我介紹時說：「大家都很熟悉《紅樓夢》裡多愁善感的林黛玉吧，那麼就請記住我，我叫代玉。」

利用和名人名字相近的方式來介紹自己的名字，關鍵是選的名人要是大家都知道的，否則就收不到效果了。

二、自嘲式

如劉美麗介紹自己時說：「不知道父母為何給我取美麗這個名字。我沒有標準的身高，也沒有苗條的身材，更沒有漂亮的臉蛋，這大概是父母希望我雖然外表不美麗，但不要放棄對一切美麗事物的追求吧。」

三、自誇式

如李小華：「我叫李小華，木子李，大小的小，中華的華。都是幾個沒有任何偏旁的最簡單的字，就如我本人，簡簡單單、快快樂樂。但簡單不等於沒有追求，相反的，我是一個有理想並執著追求的人，在追求的路上我快樂地生活著。」

四、聯想式

如一個同學叫蕭信飛，他便這樣做自我介紹：「我姓蕭，叫蕭信飛。蕭何的蕭，韓信的信，岳飛的飛。」絕大多數人對「蕭何月下追韓信」的典故和民族英雄岳飛都是熟悉的，這樣一來，大家對他的名字當然印象就深刻了。

五、姓名來源式

如陳子健：「我還未出生，名字就早在我父親的心目中了。因為他很喜歡這樣一句古語『天行健，君子以自強不息』，就毫不猶豫地給我取了這個名字，同時希望我像君子一樣自強不息。」

六、望文生義式

如秦國生：「我是秦始皇吞併六國時出生的，所以我叫秦——國——生。」

與其他方法相比，望文生義法有更大的自由發揮餘地，例如下面的幾例：

夏瓊——夏天的海南，風光無限。

楊帆——一帆風順，揚帆遠航。

皓波——銀色的月光照在水波上。

秀惠——秀外慧中，並非虛有其表。

七、理想式

如向紅梅：「我嚮往像紅梅一樣不畏嚴寒，堅強剛毅，在各種環境中都要努力上進，尤其是在艱辛的環境裡，更加綻放出生命的美麗。」

八、釋詞式

即從姓名本身進行解釋。如朱紅：「朱是紅色的意思，紅也是紅色的意思，合起來還是紅色。紅色總是給人熱情、上進、富有生命力的感覺，這就是我的顏色！」

九、利用諧音式

如譚偉慧：「我的名字讀起來像『團委會』，正因為如此，大家盡可以把我當成『團委會』，有困難的時候來反映一下，本『團委會』力爭為大家解決。」

十、調換詞序式

如周非：「把『非洲』倒過來讀就是我的名字——周非。」

十一、激勵式

如展鵬在新生見面會上說：「同學們，我們從五湖四海走到這裡，為了什麼？不就是為了好好學習，今後在社會這片廣闊的天空中大鵬展翅，自由翱翔嗎？」

十二、摘引式

如任麗群：「大家都知道『鶴立（麗）雞群』這個成語，我是人（任），更希望出類拔萃，所以，我叫任麗群。」

總之，自我介紹是有很大發揮餘地的，我們應該想方設法把它豐富起來，不要放過這樣一個吸引人注意的機會。

語言大師 精華提要

自我介紹時，如果光介紹名字會顯得有些單一，應該再加入更多的信息量，這樣會使你的自我介紹更加精采，給人留下深刻印象。你完全可以把自己的經歷編成一個小小的故事說給大家聽，這樣或許他們更有興趣些，陌生感也會頓時消除了一大半。

11 少說「我」，多說「我們」

談論一切事情定要拋開自我吹噓，絕不要絮絮叨叨地對別人談你個人關心的事以及自己的私事。你對這些事雖然興趣盎然，而別人卻會討厭覺得有粗魯之嫌。

——吉斯特菲爾【英國】

曾經有過一位心理學家做了一項有名的實驗，就是選編了三個小團體，並且分派三人飾演專制型、放任型、民主型的三位領導人，然後對這三個團體進行意識調查。結果，領導人飾演民主型的這個團體，表現了最強烈的同伴意識。而其中最有趣的，就是這個團體中的成員，大都使用「我們」一詞來說話。

經常聽演講的人，大概都有過這樣的經驗，就是演講者說「我這麼想……」，不如說「我們是否應該這樣」更能使你覺得和對方的距離接近。

因為「我們」這個字眼，也就是要表現「你也參與其中」的意思，所以會令對方心中產生一種參與意識，按照心理學的說法，這種情形是「捲入效果」。

小孩子在玩耍時，經常會說「這是我的東西」或「我要這樣做」，這種說法是因為小孩子的自我顯示欲都是直接表現所造成的。但有時在成人世界中，也會出現如此說法，而這種人不僅無法讓對方有好印象，可能在人際關係方面也會受阻，甚至在自己所屬的團體中，形成被孤立的場面。

人心是很微妙的，同樣是與人交談，但有的說話方式會讓對方起反感，而有的說話方式卻會讓對方不由自主地產生好感。若想在陌生人面前好好表現自己，讓陌生人對自己心生好感，進而形成圓滿的人際關係，就應善加利用這種「捲入效果」。

語言大師 精華提要

在人際交往中，「我」字講得太多並過分強調，會給人突出自我、標榜自我的印象，這會在對方與你之間築起一道防線，形成障礙，影響別人對你的認同。

PART 2

用心聆聽，聽明白再開口

01 談論自己之前，一定要先聆聽

給自己唱讚歌的人，聽眾只有一個。

——諺語

卡內基曾被邀請去參加一個橋牌集會。卡內基不玩橋牌，在場的一位金髮女郎也不玩。她發現卡內基以前曾是羅維爾・湯瑪斯進入無線電業之前的經理，也發現他在準備生動的旅行演講的時候，曾在歐洲各處待過。因此她說：「啊，卡內基先生，我請求你把所有你過去的那些美妙的地方，以及你所見過的那些美麗景色全部告訴我。」

坐在沙發上，金髮女郎說她和丈夫最近剛從非洲旅行回來。

「非洲！」卡內基驚歎，「多麼有意思！我一直想看看非洲，但除了有一次在阿爾及利亞待了二十四小時以外，我從沒去過。告訴我，妳是否去過那個狩獵王國？真的，我真羨慕妳，請把非洲的情況告訴我。」

四十五鐘就這樣過去了。這位女郎一次也沒有問卡內基到過什麼地方，看到什麼。其實她並不想聽卡內基談論他自己的旅行，她所要的只是一個感興趣的聽眾，她滔滔不絕地告訴卡內基她到過的地方。

這位女郎與眾不同嗎？不是，許多人都像她那樣，有一種傾訴以及渴望被聆聽的慾望。所以，在談到溝通的藝術時，卡內基說：「最重要的是聆聽，在你開口告訴別人你有多棒之前，你一定要先聆聽。然後你才能開始認識別人，與別人交談，千萬別高人一等。多跟別人交談，用心傾聽，不要太快下決定。」

簡單地說，世界上任何人都喜歡有人聽他說話，只有對於聽他說話的人，他才會有反應。聆聽也是尊重的一種最佳表示，表示我們看重他們。我們等於是在說：「你的想法、行為與信念對我都很重要。」

很奇妙的是，要想說服別人贊同你的想法，最好的辦法是聽聽他的意見，美國前總統林登・詹森的國務卿魯斯克，經過幾十年與全世界最頑強的政治領袖談判的經驗，學會了「聆聽，是以你的雙耳去說服他人」。沒錯，要說服別人贊同你的想法，聆聽確實是強而有力的工具。

擁有私人銀行桑德斯・卡普公司的銀行家湯姆・桑德斯說：「關鍵在於先瞭解對方，他的價值觀以及他對投資的看法，再決定你是否能誠實地說出我們的投資方式是正確，並對其有利。」

桑德斯協助大企業進行天文數字般的巨額投資。他的首要能力是什麼？正是聆聽他人。他說：「一切都由聆聽開始。他心裡到底想怎麼樣？他為什麼不答應？真正的理由到底是什麼？我與美國電訊公司（AT&T）已經維持了二十五年的關係，而且是很好的關係。我認為真正的聆聽功不可沒。」

他又說：「我可以提供印刷精美的小冊子，也可以運用幻燈片，可是，我仍然必須弄清楚什麼才能真正吸引對方。他考慮什麼？擔心什麼？他看事情的角度如何？」

要想成為積極有效的聆聽者之前，首先必須體會聆聽的重要性；其次，必須有聆聽的意願；最後，你必須經常練習這種全新的聆聽能力。

反之，如果你要知道如何使別人躲開你，在背後取笑你，甚至輕視你，這裡也有一個方法：絕不要聽人家講上三句話，要不斷地談論你自己。

如果你知道別人所說的是什麼，不要等他說完。他不如你聰明，為什麼要浪費你的時間傾聽他的閒聊？隨時插話，使他住口。這種人自以為了不起，自以為很重要。只談論自己的人，所想的也只有自己。哥倫比亞大學校長尼古拉斯博士說，「只想到自己的人是不可救藥的無知者，他沒有受過教育，不論他曾上過多好的學校。」

因此，如果你想成為一名優秀的談話家，就要做一個注意聽人說話的人。正如查理斯・洛桑所說的：「要令人覺得有趣，就要對別人感興趣——問別人喜歡回答的問題，鼓勵他談談自己和他的成就。」

請記住：跟你談話的人對他自己、他的需求和他的問題，比他對你和你的問題，更感興趣千百倍。當你下次跟別人交談的時候，別忘了這一點。

語言大師精華提要

一開口就不斷講自己的事情，會讓別人覺得你是一個誇誇其談的人。這樣是很難和別人進行有效溝通。只有先聽別人說，適當迎合別人的興趣，我們才能讓彼此交談保持一種相對美好的氛圍。

02 有時做聽眾效果會更好

聽要快，說要慢，惱怒要更慢。

——詹姆斯【美國】

韋恩是羅賓見到的最受歡迎的人士之一。他總能受到邀請，經常有人請他參加聚會，共進午餐，擔任客座發言人，打高爾夫球或網球。

一天晚上，羅賓到一個朋友家參加一次小型社交活動。他發現韋恩和一個漂亮女士坐在一個角落裡。出於好奇，羅賓遠遠地注意了一段時間。羅賓發現那位年輕女士一直在說，而韋恩好像一句話也沒說。

他只是有時笑一笑，點一點頭，僅此而已。幾小時後，他們起身，謝過男女主人，走了。

第二天，羅賓見到韋恩時禁不住問道：

「昨天晚上我在斯旺森家看見你和最迷人的女孩在一起。她好像完全被你吸引住了。你怎麼抓住她的注意力的？」

「很簡單。」韋恩說，「斯旺森太太把喬安介紹給我，我只對她說：『妳的皮膚曬得真漂亮，在冬季也這麼漂亮，是怎麼做的？妳去哪呢？阿卡普爾科還是夏威夷？』」

「『夏威夷。』她說，『夏威夷永遠都風景如畫。』」

「『妳能把一切都告訴我嗎？』我說。」

「『當然。』她回答。我們就找了個安靜的角落，接下去的兩個小時她一直在談夏威夷。」

「今天早晨喬安打電話給我，說她很喜歡我陪她。她說很想再見到我，因為我是最有意思的談伴。但說實話，我整個晚上沒說幾句話。」

看出韋恩受歡迎的祕訣了嗎？很簡單，韋恩只是讓喬安談自己。他對每個人都這樣──對他人說：「請告訴我這一切。」

這足以讓一般人激動好幾個小時。人們喜歡韋恩，就因為他注意他們。

假如你也想讓大家都喜歡，那麼就尊重別人，讓對方認為自己是個重要的人物，滿足他的成就感，而最好的辦法就是談論他感興趣的話題。千萬不要喋喋不休地談自己，而要讓對方談他的興趣、他的事業、他的高爾夫積分、他的成功、他的孩子、他的愛好和他的旅行，等等。

讓他人談自己，耐心一地傾聽，要抱有一種開闊的心胸，還要表現出你的真誠，那麼無論走到哪裡，你都會大受歡迎。著名推銷員吉拉德說過這樣一句話：「上帝為何給我們兩個耳朵一張嘴？我想，意思就是讓我們多聽少說！傾聽，你傾聽得越長久，對方就會越接近你。」

這個世界過於煩躁，每一個人再也沒有耐心聽別人說些什麼，所有的人都在等著說。

一位成功的保險推銷員對如何使用傾聽這個推銷法寶深有體會：

「一次，我和朋友去一位富商那兒談生意，上午十一點開始。過了六小時，我們步出他的辦公室來到一家咖啡館，放鬆一下我們幾乎要麻木的大腦。可以看得出來，我的朋友對我談生意的措辭方式很滿意。第二次談判定在午餐後兩點開始直到下午六點，如果不是富商的司機過來提醒，恐怕我們會談得還要晚。想知道我們在談什麼嗎？實際上，我們僅僅花了半個小時來談生意的計劃，卻花了九個小時聽富商的發跡史。他講他自己是如何白手起家創造了一切，怎麼在年屆五十歲時喪失了一切，爾後又是如何東山再起的。他把自己想對人說的事都對我們說了，說到最後他非常激動。

很顯然，多數人用嘴代替了耳朵。這次我們只是用心去聽、去感受。結果是富商給他四十歲的兒女買了人壽險，還給他的生意保了十萬元的險。我對自己能否做一個聰明的談判人並不在意，我只是想做一個好的聽者，只有這樣的人才會到哪都受歡迎」。

再也沒有比擁有一個忠實的聽眾更令人愉快的事情了。對於傾聽者來說，在交談中，多聽少說，善於傾聽別人講話是一種很高雅的素養。因為認真傾聽別人的講話，表現了對說話者的尊重，人們往往會把忠實的聽眾視作完全可以信賴的知己。對於推銷員而言，積極地傾聽客戶的談論，有助於瞭解和發現有價值的資訊。

語言大師
精華提要

傾聽別人說話，可以讓對方得到心理上的滿足，也能從一定程度上彰顯我們的修養和風度，以便在社交過程中擁有好的人緣。

03 瞭解「聽」的特徵，可以更好地聽

君子欲訥於言而敏於行。

——孔子【春秋末期】

聽是一種選擇性的過程，即我們從周圍的刺激中，選擇適合自己的需要和目的的東西。聽的發展分為三個層次，我們之所以會注意去聽某些刺激，是因為它們的「突然」、「強烈」和「對比」；也有些刺激是我們訓練自己或強迫自己去聽；而有些刺激，我們則會很自動地去聽。

曾經有一個故事：

一位燈塔看守員，看守一座燈塔。該燈塔除了打信號之外，還有一支槍會定時而自動發射，以警告那些正要靠近這個多岩石海岸的船隻。有一個傍晚，那枝槍失靈了，燈塔看守員突然醒來，並問道：「怎麼回事？」

那種心不在焉的收聽技巧，時常發生在我們身上。成年人往往無法將自己的注意力在數秒內一直集中在某一刺激上，我們的知覺是在瞬間之中不斷審查外來的刺激，以尋找那些對我們重要的情報。所以，事實上我們對一項刺激所付出的注意力，都是很短暫的。有時候講話的人會對聽眾說：「請注意我這裡！」但要提高聽眾的注意力，並不是強迫即可。不管一個資訊對我們有多重要，除非我們努力排除其他的思想進入心智，否則難以專心收聽。

在所有的溝通情況中，我們的動機和情緒等，都會對溝通效果產生影響。但是，此項因素對「聽」的影響尤為顯著。當我們能事先決定想從對方的資訊中得到何種情報時，對所聽到的資訊內容，就會覺得更有價值。如果我們具有真正的需要而以誠摯的態度去聽別人說話，一定可以促使聽的能力顯著進步。比如，「失火了！我知道出路，跟我來！」是一種生死關頭我們最需要去聽的資訊，所以不會錯過其中的任何一個字。

當我們發現自己不能把注意力集中在某件事上時，這就是我們內在的感覺或動機的一種反應——我們對目前的刺激並不滿意。另一個不能專心聽的理由，可能是我們只希望聽到某種情報，而不打算聽其他的事情。

我們必須把握自己的需要所在，而在聽的時候，即使其內容是反調的或令人厭煩的，也應該留意去聽，以獲取有用的情報。

語言大師 精華提要

如果我們想要溝通，就應該常常注意我們的聽眾是否真的在聽我們的講話。運用回饋來進行改正，是增進聽的能力的好方法。

例如，你若認為對方在你說話時會很生氣，那麼不管他說話的口氣如何，你都很可能聽到他以生氣的口吻說話。因此在你有所反應之前，你必須先瞭解他的話中含意為何，並且確定他是否真的在生氣，而不僅僅是你的感覺而已。

04 學會傾聽，才能學會溝通

成功來自多聽少說。

——洛克菲勒【美國】

在企業內部，傾聽是管理者與員工溝通的基礎。但是在現實中，很多人並沒有真正掌握「聽」的藝術。著名的諮詢大師，史蒂芬·柯維博士認為傾聽主要有五種層次，並且這五種層次是連續的。

第一個層次是完全不用心傾聽，我們可以用忽視某人來形容，你心不在焉，只沉迷在自己的世界；第二個層次是你假裝在傾聽，你可能會用身體語言假裝在聽，甚至重複別人的語句當做回應；第三個層次是選擇性地傾聽，你確實在聆聽，「哦，我記起來了，讓我告訴你……我也有同感……對呀，你剛才說的我完全明白，我也曾有過類似的經驗……這個我不太清楚」，你確實能夠瞭解對方，但你過分沉迷於你所喜歡的話題，只留心傾聽自己有興趣的部分；第四個層次是留意地傾聽，你能全心全意地凝神傾聽，要專心聆聽確實要花費不少精力，可惜你始終從自己的角度出發；第五個層次是運用同理心傾聽，就是說撇下你自己的觀點，進入他人的角度和心靈。假如我們吸走這房間的空氣，這對我們會有什麼影響？在有空氣時，空氣會刺激我們呼吸嗎？當沒有空氣時，是什麼推動我們？缺氧才是刺激我們呼吸的原因。有空氣便如同感到被理解，這是人類心靈最深層的饑渴，給予他人心靈的氧氣，便會使人對你難以抗拒。

具體而言，想要有效運用同理心傾聽，做好同理心回應可遵循以下五個步驟：

一、重複句子。

二、重整內容：即把別人的字句意思用新的字句說出來，但必須忠於原意。

三、反映感受，受傷、痛苦、挫敗；快樂、寬慰，你只是用心和眼睛來傾聽，重視運用肢體語言，你需設身處地，站在對方的立場。

四、重整內容和反映感受。

五、保持靜默：對方可以感受到你和他在一起，當你有信心使他感到被瞭解，而你也知道你瞭解他，你才採取這種做法。

其他應遵循的原則還有：

一、對於對方提供的各種資訊保持充分的興趣與敏感性，不要妄自評斷，不要以自我為中心，你自己是妨礙有效傾聽的最大障礙。不知不覺被自己的興趣和想法所纏住，而漏失了別人想透露的東西。

二、不要預設立場。如果你一開始就認定對方很無趣或已有答案，你就會不斷從對話中設法驗證你的觀點，結果你所聽到的都會是無趣的。抱定高度期望值會讓對方努力表現出他（她）良好的一面。

好的傾聽者不必完全同意對方的看法，但是至少要認真接納對方的話語。點頭、並不時說：「原來如此」、「我本來不知道」，說不定他（她）說的是正確的，你或許也可以從中獲益。

三、注重肢體語言。有資料顯示，在良好的溝通中，話語只占七%，音調占三十八

%，而非言語的信號占五十五%。眼睛注視對方，不時點頭稱是，身體前傾，微笑或痛苦的臉部表情等，都是用肢體語言來表達你的意思。

語言大師 精華提要

說話有說話的方法，傾聽也有傾聽的技巧。掌握了傾聽的技巧，有助於我們更好地傾聽，以免漏聽關鍵和重點。

05 用傾聽化解危機

使傾聽最有價值的不是傾聽本身，而是傾聽後的寬容與理解。傾聽別人是對別人的尊重與體諒，傾聽自己則是對自己的自省與反思。

——佚名

一次成功的商業會談的祕訣是什麼？注重實際的學者以利亞說：「關於成功的商業交往，沒有什麼神祕——專心注意對你講話的人極為重要。沒有別的東西會如此使人開心。」你無須讀ＭＢＡ也可以發現這一點。

如果一個商人租用豪華的店面，陳設櫥窗動人，為廣告花費千百元錢，然後雇傭一些不會靜聽他人講話的店員——中止顧客談話、反駁他們、激怒他們，甚至幾乎要將客人驅出店門的店員。他的店面佈置得再豪華，恐怕過不了多久也是要關門的。

莫頓的經驗可謂是極好的一例。他曾對卡內基講述過這麼一個故事：

莫頓在新澤西的一家百貨商店買了一套衣服。這套衣服令人失望：上衣褪色，把他的襯衫領子都弄黑了。

後來，他將這套衣服帶回該店，找到賣給他衣服的店員，敘述了事情的詳情。他想訴說此事的經過，但卻被店員打斷了。「我們已經賣出了數千套這種衣服，」這位售貨員反駁說，「你還是第一個來挑剔的人。」

正在激烈辯論的時候，另外一個售貨員加入了。「所有黑色衣服起初都會褪一點顏色，」他說，「那是沒有辦法的，這種價錢的衣服就是如此，那是顏料的關係。」

「這時我簡直氣得半死，」莫頓先生說，「第一個售貨員懷疑我的誠實，第二個暗示我買了一件便宜貨。我怒火中燒，正要罵他們，突然間經理走了過來，他懂得他的職責。正是他使我的態度完全改變了。他將一個惱怒的人，變成了一位滿意的顧客。他是如何做的？他採取了三個步驟：

第一，他靜聽我從頭至尾講我的經過，不說一個字。

第二，當我說完，售貨員們又開始要插話發表他們意見的時候，他站在我的立場上與他們辯論。他不但指出我的領子是明顯地為衣服所染，並且堅持說，不能使人滿意的東西，就不應在店裡出售。

第三，他承認他不知道染色的原因，並率直地對我說：『你要我如何處理這套衣服呢？你說什麼，我都會照辦。』

就在幾分鐘以前，我還預備要告訴他們收回那套可惡的衣服。但我現在回答說：「我只要你的建議，我要知道這種情形是否是暫時的，是否有什麼解決辦法。」

他建議我這套衣服再試一個星期。「如果到那時仍不滿意，請您拿來換一套滿意的。讓你這樣不方便，我們非常抱歉。」

我滿意地走出了這家商店。一星期後這衣服沒有毛病，我對於那商店的信任也就完全恢復了。

一個挑剔的人，甚至最激烈的批評者，也會在一個忍耐、同情的靜聽者面前軟化降服——這位靜聽者，在氣憤的尋釁者像一條大毒蛇，張開嘴巴吐出毒信一樣的話語時候，也要靜聽。

紐約電話公司數年前應付過一個曾咒罵接線生的最險惡顧客。他咒罵，發狂，恫嚇要拆毀電話，他拒絕支付某種他認為不合理的費用，他寫信給報社，還向公眾服務委員會屢屢申訴，並使電話公司引起數起訴訟。

最後，公司中的一位最富技巧的「調解員」被派去訪問這位暴戾的顧客。這位「調解員」靜靜地聽著，並對其表示同情，讓這位好爭論的老先生發洩他的滿腹牢騷。

「他喋喋不休地說著，我靜聽了差不多三個小時，」這位「調解員」敘述道，「以後我再到他那裡，繼續聽他發牢騷，我訪問他四次，在第四次訪問完畢以前，我已成為他正在創辦的一個組織的會員，他稱之為『電話使用者保障會』。我現在仍是該組織的會員。有意思的是，就我所知，除某先生以外，我是世上唯一的會員了。」

「在這幾次訪問中，我靜聽並且同情他所說的任何一點。我從未像電話公司其他人那樣跟他談話，他的態度幾乎變得友善了。我要見他的事，在第一次訪問時沒有提到，在第二、第三次也沒有提到，但在第四次，我整個結束了這一個案件，對方把所有的帳都付清了，並撤銷他向公眾服務委員會的申訴。」

無疑地，某先生自認為正義而戰，保障公眾權利，不受無情的剝削，但實際上他要的是自重感。他先經由挑剔抱怨得到這種自重感，但在他從公司代表那裡得到自重感後，他不切實際的冤屈即消失得無影無蹤了。

由此可見，當你遇到危機時，唯一能做的就是做一個善於傾聽的人，鼓勵別人談論他們自己的觀點。

語言大師 精華提要

「病從口入，禍從口出」，當面臨危機的時候，一定要少說話，多傾聽，避免多說多錯。

06 傾聽也是一種說服

聰明的人，借助經驗說話；而更聰明的人，根據經驗不說話。
——古希臘諺語

古希臘有一句民諺說：「聰明的人，借助經驗說話；而更聰明的人，根據經驗不說話。」西方還有一句著名的話：「雄辯是銀，傾聽是金。」這些都給了我們這樣的啟示：在人際交往中，盡可能少說而多聽。

在我們身邊，經常會有這樣的人，他們喜歡多說話，總是喜歡顯示自己的博學。這樣的人，以為別人會很服他們，其實，只要稍微有點社會閱歷的人，都會不以為然。

更聰明的人，或者說智慧的人，往往會根據自己的經驗，知道自己要是多說，必然會說得越多錯得也就多，所以不到需要時，總是少說或者不說。當然，到了說比不說更有效時，我們一定要說。

在銷售中，學會傾聽更是十分重要。若是在要幫顧客下訂單時，對方出現了暫時的沉默，你千萬不要以為自己有義務去說些什麼。相反的，你要給顧客足夠的時間去思考和做決定。千萬不要自作主張，打斷他們的思路，否則，你會後悔的。

日本金牌保險推銷大師原一平曾有這樣的推銷經歷：

他去訪問一位計程車司機，那位司機堅決認為原一平絕對沒有機會去向他推銷人壽保險。當時，這位司機肯會見原一平，是因為原一平家裡有一台放映機，它可以放彩色有聲影片，而這是那位司機沒有見過的。

原一平放了一部介紹人壽保險的影片，並在結尾處提了一個結束性的問題：「它將為你及你的家人帶來些什麼呢？」放完影片，大家都靜悄悄地坐在原地。三分鐘後，那位司機經過心中的一番交戰，主動問原一平：「現在還能參加這種保險嗎？」

最後，他簽了一份高額的人壽保險契約。

在從事銷售時，有的推銷員腦子裡會有這樣一種錯誤想法，他們以為沉默意味著缺陷。可是，恰當的長時間沉默不但是允許的，而且也是受顧客歡迎的。因為這可以給他們一種放鬆的感覺，不至於因為有人催促而做出草率的決定。

當顧客說「我考慮一下」時，我們一定要給予他充足的時間去思考，因為這總好過於「你先回去吧，我考慮好了再打電話給你」。別忘了，顧客保持沉默時，就是他在為你考慮了。相比較而言，顧客承受沉默的壓力要比我們承受的還要大得多，因此，讓顧客多沉默一會兒，讓對方考慮吧。

如果你先開口的話，那麼你將面臨失去交易的危險。因此，在顧客開口決定之前，務必保持沉默，除非你想丟掉生意。

語言大師 精華提要

在適當的時候，讓我們的嘴巴休息一下，多聽聽別人的話。當滿足了對方被尊重的感覺時，我們也會因此而獲益。

07 不要隨便打斷別人的話

語言最能暴露一個人，只要你說話，我就能瞭解你。

——班・強生【英國】

你看到你的朋友和另外不認識的人聊得起勁時，可能有加入的想法。但是你不知道他們的話題是什麼，而你突然加入，也許會令他們覺得不自在，可能因此話題接不下去。更糟的是，可能他們正在進行著一項重大的談判，卻由於你的加入使他們無法再集中思想而無意中失去了這筆交易；或許他們正在熱烈討論，苦苦思索解決一個難題，正當這個關鍵時刻，也許由於你的插話，導致對他們有利的解決辦法告吹，到後來場面氣氛轉為尷尬而無法收拾。此時，大家一定會覺得你沒有禮貌，讓人家討厭你，導致社交失敗。

假設一個人正講得興致勃勃時，你突然插嘴：「喂，這是你在昨天看到的事吧？」說話的那個人因為你打斷他說話，絕對不會對你有好感，很可能其他人也不會對你有好感。

許多不懂禮貌的人總是在別人談著某件事的時候，在說到高興處時，冷不防的半路殺進來，讓別人猝不及防，不得不偃旗息鼓。這種人不會預先告訴你，說他要插話了。他插話時有時會不管你說的是什麼，而將話題轉移到自己感興趣的方面去，有時是把你的結論代為說出，以此得意洋洋地炫耀自己的口才。無論是哪種情況，都會讓說話的人頓生厭惡之感，因為隨便打斷別人說話的人根本就不知道尊重別人。

有一個老闆正與幾個客戶談生意，在談得差不多的時候，老闆的一位朋友來了。這位朋友插進來了，說：「哇，我剛才在街上看了一個熱鬧……」接著就說開了。老闆示意他不要說，但他卻說得津津有味。

客戶見談生意的話題被打亂，就對老闆說：「你先跟你的朋友談吧，我們改天再來。」

客戶說完就走了。老闆的這位朋友亂插話，壞了老闆的一筆大生意，讓老闆很惱火。

隨便打斷別人說話或中途插話，是有失禮貌的行為，但有些人卻存在著這樣的陋習，結果往往在不經意之間就破壞了自己的人際關係。要獲得好人緣，要想讓別人喜歡你，接納你，就必須根除隨便打斷別人說話的陋習，在別人說話時千萬不要插嘴，並做到：

一、不要用不相關的話題打斷別人說話。

二、不要用無意義的評論打亂別人說話。

三、不要搶著替別人說話。

四、不要急於幫助別人講完事情。

五、不要為爭論雞毛蒜皮的事情而打斷別人的話題。

語言大師 精華提要

隨便打斷別人的話，不僅容易得罪對方，而且也很難完全明白對方的意思，這樣實在是不明智的行為。

08 在傾聽過程中插話技巧

那些亂插話者，甚至比發言冗長者更令人討厭。

——培根【英國】

在傾聽過程中如何插話，才能有助於我們達到最佳的傾聽效果呢？一般來說，我們應根據不同對象，採取不同的方法。

當對方在跟你談某事，因擔心你可能對此不感興趣，顯露出猶豫、為難的神情時，你可以伺機說一、兩句安慰的話：

「你能談談那件事嗎？我不是很瞭解。」

「請你繼續說。」

「我對此也是十分有興趣的。」

此時你說的話是為了表明一個意圖：我很願意聽你的述說，不論你說得怎樣，說的是什麼。這樣能消除對方的猶豫，堅定他傾訴的信心。

當對方由於心煩、憤怒等原因，在敘述中不能控制自己的感情時，你可用一、兩句話來疏導：

「你一定感到很氣憤。」

「你似乎有點心煩。」

「你心裡很難受嗎？」

說這些話後，對方可能會發洩一番。因為，這些話的目的就是把對方心中鬱結的一股異常情感「誘導」出來，當對方發洩後，會感到輕鬆、解脫，進而能夠從容地完成對問題的敘述。

值得注意的是，說這些話時不要犯了盲目安慰的錯誤。你不應對他人的話做出判斷、評價，說一些諸如「你是對的」、「你不應該這樣」之類的話。你的責任不過是順應對方的情緒，為他架設一條「輸導管」，而不應該「火上澆油」，強化他的抑鬱情緒。

當對方在敘述時急切地想讓你理解他的談話內容時，你可以用幾句話來綜述對方話中的含義：

「你是說……」

「你的意見是……」

「你想說的是這個意思吧……」

這樣的綜述既能及時地驗證你對於對方談話內容的理解程度，加深對其的印象，又能讓對方感到你的誠意，並能幫助你隨時糾正理解中的偏差。

以上三種傾聽中的談話方法都有一個共同的特點，即不對對方的談話內容發表判斷、評論，不對對方的情感做出是與否的表示，始終處於一種中立的態度上。

有時在非語言傳遞資訊中，你可以表露出你的立場，但在語言中切不可流露，這是一條重要界限。如果你試圖超越這個界限，就可能讓這場談話失去了方向和意義。

語言大師

精華提要

聽別人說話時是不可以隨便打斷的，但是，也不可能一直聽而不言，只有掌握了插話的技巧，我們才可以更好地與別人交流溝通。

09 聽懂對方的話後再開口

一個人的實質，不在於他向你顯露的那一面，而在於他所不能向你顯露的那一面。因此，如果你想瞭解他，不要去聽他說出的話，而要去聽他沒有說出的話。

——紀伯倫【黎巴嫩】

交談，是人際交往中不可或缺的。它是人們傳遞資訊和情感、增進彼此瞭解和友誼的重要手段，但在與他人交談時，也是有很多注意事項的。通常而言，講出的話轉瞬即逝，不會重來，交談雙方都是相互影響的，我們總要根據別人講的話來決定自己接下來要說些什麼，同樣的，我們的話也決定了別人後面要說的話。所以說，交談時需靜下心來，認真傾聽，直到明白、聽懂後再開口。

只有聽懂了別人的話，我們才會知道自己該怎麼說、怎麼做。只有注意聽，我們才能夠準確判斷出對方的話是否已經講完，才不至於冒昧打斷別人的話。

林克萊特是美國的一個非常著名的電視節目主持人。在一次現場隨機訪問中，他問一位小朋友：「你的夢想是什麼，也就是說，你長大後想幹什麼？」那位被問到的小朋友想了很久後天真地說道：「我長大了想要當一名飛機駕駛員。」

林克萊特接著問道：「假如有一天，你所駕駛的那架飛機飛到了太平洋的上空，你卻發現飛機油箱裡的燃料已經不多了，你會怎麼辦？」

小朋友想了一會兒，回答說：「那我會先讓飛機上的人繫好安全帶，然後我背上降落傘先跳下去。」

小朋友此話一出，全場的觀眾便都笑得前仰後合。林克萊特繼續關注著那位小朋友，想看一看他究竟是不是自作聰明。沒想到的是，小朋友的眼淚瞬間奪眶而出，就在那一刻，林克萊特深深發覺到了小朋友內心的悲憫之情。於是，他又問小朋友：「那你為什麼要這麼做呢？」小朋友立即回答道：「我要馬上去找燃料，找到後我還要回來！」

這個回答，完全透露出了小朋友最真摯的一面。

看了這則小故事，你是否問過自己，當你與別人交談時，是否真的聽懂了對方的意思？如果不懂，就不妨聽對方講話講完，這也是聽話的一門藝術。

一個人在說話前一定要先聽懂別人的話，倘若不明白別人的意思就隨便接話，只能說明你是一個蠢人。聽話既不能只聽一半，也不能將自己的意思強加在別人頭上，要等別人將意思表達完整，聽懂話後再發表言論。

語言大師 精華提要

在沒聽懂別人話意前就開口，很可能誤解對方，進而得罪對方。所以，在聽別人說話時，我們一定要仔細對方的話是不是有言外之意，等完全明白後再開口。

10 聆聽對方的「漏洞」，乘虛而入

空話堵不住漏洞。

——英國諺語

在現實生活中，一個聰明的人總是善於知曉他人，之後乘虛而入，緊緊抓住對方的「漏洞」不放，以不容置疑的論證將對方擊敗。

在美國歷史上，林肯是一位極有聲譽的總統。在擔任總統以前，他曾當過一段時間的律師。一次，得知自己亡友的兒子小阿姆斯壯被控謀財害命，並經初步判斷有罪的時候，林肯便以被告律師的資格向法院申請查閱全部案卷。在不斷查閱案卷的過程中，他發現原告一方的證人福爾遜所提供的證據是：某一天晚上十一點鐘，證人在月光下清楚地目擊了小阿姆斯壯用槍擊斃了死者……在一番認真的查閱之後，林肯極力要求重新複審。

於是，複審便開始了。

依照當時美國法庭的慣例，被告律師的林肯與原告證人的福爾遜，必須同時進行一場面對面的對質。

林肯：「你說你曾認清小阿姆斯壯？」

福爾遜：「是的。」

林肯：「你在草堆的後面，而小阿姆斯壯在大樹之下，兩者相距二、三十米，請問，你能認得清楚嗎？」

福爾遜：「看得很清楚，因為月光皎潔明亮。」

林肯：「你肯定自己不是從別的方面認清的嗎？」

福爾遜：「嗯，我能肯定自己認清了他的臉蛋，因為月光正照在他的臉上。」

林肯：「你能肯定時間是在十一點嗎？」

福爾遜：「能夠肯定。因為我回到屋裡看了一下時鐘，那時是十一點十五分。」

當林肯聽到對方如此肯定的對話時，便轉過身對在場的觀眾說道：「現在情況已經很清楚了，這個證人是一個徹頭徹尾的騙子。因為只有在月光的照射下，才能看清被告的臉龐，而案發那天晚上，正值上弦月，所以不可能有月光照射到被告的臉上。既然如此，福爾遜所說的『看得很清楚，因為月光皎潔明亮。』顯然是其捏造的虛假證詞，倘若以此而定被告的罪，於情於理都是不能成立的。」

聽到林肯極有說服力的話語，在場的觀眾發出了一陣陣熱烈的掌聲。與此同時，福爾遜就像洩了氣的皮球，一股腦兒地癱在證人席上。

從這個故事中，我們能夠得知，林肯之所以能夠勝籌帷幄，就在於他能夠在聽懂別人的話語後，乘虛而入，有力地揭穿對方的謊言。因此，從某種程度而言，只有在聽懂別人的話語後適時加以反駁，才能在整個推論的過程中具有無可辯解的邏輯力量。

在交際中，我們應設身處地地傾聽對方，讓對方把話說完。透過對方的話語，明白對方的感受和內心世界，用心去體會，真正去感受對方，然後在適當的時候發表自己的言論，你就會成為交際圈中的說話高手。

語言大師 精華提要

話語之中難免有漏洞，只要我們仔細傾聽就能適當將對方話語中的漏洞為自己所用，如此，我們一定可以掌握交流中的主導權。

11 不要在別人面前喋喋不休

喋喋不休的人，像一條漏水的船，每一個乘客都會趕快逃離它。

——法國諺語

在別人面前喋喋不休，會給別人留下不好的印象。

當馬克·吐溫還是一名普通船員的時候，羅克島鐵路公司打算建一座大橋把羅克島和達文波特兩個城市連接起來。當時，輪船是運輸小麥、熏肉和其他物資的重要工具。所以，輪船公司把水運權當成上帝賜予他們的特權。一旦鐵路橋修建成功，自然也就葬送了他們的特權，斷了他們的財路。因此輪船公司竭力對修橋提案進行阻撓。於是，美國運輸史上最著名的一個案子開庭了。

時任輪船公司的辯護律師韋德，是當時美國法律界很有名的鐵嘴。法庭辯論的最後一天，聽眾雲集。韋德站在那兒滔滔不絕，足足講了兩個小時。

等到羅克島鐵路公司的律師發言時，聽眾已經顯得非常不耐煩了。這正是韋德的計謀，他想藉此擊敗對手。然而令韋德意外的是，那位律師只說了一分鐘。

不可思議的一分鐘，這個案子就此聞名。

只見那位律師站起身來平靜地說：「首先，我對控方律師的滔滔雄辯表示欽佩。然而，陸地運輸遠比水上運輸重要，這是任何人都改變不了的事實。陪審團各位，你們要裁決的唯一問題是，對於未來發展而言，陸地運輸和水上運輸哪一個更重要？哪一個不可阻擋？」片刻之後，陪審團做出裁決，建橋方獲勝。

那位律師高高瘦瘦，衣衫簡陋，他的名字叫做——亞伯拉罕・林肯。

韋德之所以用兩個小時滔滔不絕，一方面是在炫耀自己的口若懸河，另一方面也是存心拖延時間，好讓林肯在發言的同時替自己接受聽眾的厭煩。但是他不僅錯估了聽眾厭煩的劇烈程度，而且也低估了對手林肯的機智反應。這樣一來，相比較林肯的言簡意賅，韋德的慷慨陳詞不但沒能加深陪審團的印象，反而愈發顯得惹人生厭。

在推銷中，這方面顯得尤為突出，但是一個素不相識的推銷員向別人推銷時，對方一般都不會輕易接受的，何況推銷員還喋喋不休呢！因此，你在向客戶做推銷時，一定要記著看對方臉色行事。尤其是在向一些大客戶推銷服務時，更要言簡意賅。

任何人都不喜歡別人喋喋不休地向自己宣傳，試著簡明扼要地向推銷對象說出你的要求，然後留下一定時間讓對方做出決定，這樣會大大提高你的成功率。

語言大師 精華提要

在別人面前說個不停，只會讓別人覺得厭煩，所起的成效是十分有限的，我們在與人交流的過程中一定要引以為戒。

12 適時附和更容易討人歡心

眼睛是心靈的視窗。

——俗語

不是每個聽力正常的人都會聽，這裡所說的聽是傾聽，是對說者表現出了極大的注意的聽。有人做過一個實驗，來證明聽者的態度對說者有著極大的影響。

讓學生表現出一副心不在焉的樣子，結果上課的教授照本宣科，不看學生，不強調，沒有手勢；讓學生積極投入——傾聽，並且開始使用一些身體語言，比如適當的身體動作和眼睛的接觸。結果教授的聲調開始出現變化，並加入了必要的手勢，課堂氣氛生動起來。

由此看出，當學生表現出一副心不在焉的樣子，教授因得不到必要的反應而變得滿不在乎。當學生改變態度，用心去傾聽時，其實是從一個側面告訴教授：你的課講得很好，我們願意聽。這就是無聲的讚美，並且達到了積極的效果。

從上面的例子也可以看出，傾聽時加入必要的身體語言，是非常有必要的。行動勝於語言。身體的每一個部分都可以顯示出激情、讚美的資訊，可增強、減弱或躲避、拒絕資訊的傳遞。精於傾聽的人，是不會做一部沒有生氣的答錄機的，他會以一種積極投入的狀態，向說話者傳遞「你說的話我很喜歡聽」的資訊。

「眼睛是心靈的視窗」，適當的眼神交流可以增強聽的效果。這種眼神是專注的，而不是遊移不定的；是真誠的，而不是虛偽的。發自靈魂深處的眼神是動人心魄的。

答錄機做不了「小動作」，而傾聽者則必須做一些「小動作」。例如身體向對方稍微前傾，表示你對說者的尊敬；正向對方而坐，表明「我們是平等的」，這可使職位低者感到親切，使職位高者感到輕鬆。自然坐立，手腳不要交叉，否則讓對方認為你傲慢無禮。傾聽時和說話人保持一定的距離，恰當的距離給人安全感，使說話者覺得自然。

動作跟進要合適，太多或太少的動作都會讓說者分心，讓他認為你厭煩了。正確的動作應該跟說話者保持同步，這樣，說話者一定會把你當做「知心人」。

傾聽並不意味著默默不語，除了做一些必要的「小動作」外，還得動一動自己的嘴。恰當的附和不但表示了你對說者觀點的讚賞，而且還對他暗含鼓勵之意。當你對他的話表示贊同時，你可以說：

「你說得太好了！」

「非常正確！」

「這確實讓人生氣！」

這些簡潔的附和，讓說話者想釋放的情感找到了載體，表明了你對他的理解和支持。同時，聽者還可以用一些簡短的語句將說者想傳達的中心話題歸納一下，能夠使說者的思想得以凸顯和昇華，同時也能提高聽者的位置。

另外，我們還可以向說話者提一些問題。這些提問既能表明你對說者話題的關注，又能使說者說出欲說無由的得意之言。

學會傾聽其實是讚美藝術的第一步。

我們要讚美別人，首先得有讚美的依據。那些沒有根據的子虛烏有讚美只會引起對方的反感。而聽就是我們獲取讚美所需依據的必要手段。我們可透過聽第三人的談話來獲取必要的資訊；我們也可直接在聽說話者的同時，找到讚美對方的地方。為了知道更多的東西，為了讓我們的讚美變成溫暖他人的陽光，我們就必須進行有效的傾聽。

入神地傾聽本身就是一種讚美。它能使我們更好地理解別人，有助於克服彼此間判斷上的傾向性，有利於改善交往關係。在入神的傾聽別人談話時，你已經把你的心呈現給對方，讓對方感受到了你的真誠。

我們去傾聽別人的時候，也就是我們設身處地理解他們的幸福、痛苦與歡樂的時候，使我們能夠把對方的優點和缺點看得更清楚。而這些結論再透過有效的附和來傳達到對方心裡，這才能算是一次完美的交流。

入神的傾聽並在適當時間附和，有利於對方更好地表達自己的思想和情感。在對方明白我們的傾聽是對他的尊重以後，他同樣會認真地聽我們說活，這樣我們的讚美才能產生良好的效果。

語言大師 精華提要

傾聽，有助於充分瞭解情況，也表達了對說話者的尊重。這樣一來，傾聽就能促進情感，加深相互間的理解，引發精神上的共鳴。

PART 3

軟硬兼施，竭力說服他人

01 用利益誘導，再進行說服

為自己的利益而爭論，人人都是雄辯家。

——奧維德【古羅馬】

通常我們行動的目的都是「為自己」，而非「為別人」。如果能夠充分理解這一點，那麼想要說服他人就有如探囊取物般容易了。只要瞭解對方真正想追求的利益何在，進而滿足他的慾望便可達到目的。

相信很多人都經歷過，在說服人或想拜託別人做事情時，不管怎樣進攻或懇求對方，對方總是敷衍應付，漠不關心。這時你首先要用利益來喚起對方的關心，然後再說服誘導。在推銷方面，推銷員為了喚起顧客的注意，並達到八十%的購買率，往往是先誘導，後說服。

在英國工業革命方興未艾時，以發明發電機而聞名的法拉第，為了能夠得到政府的研究資助，他去拜訪首相史多芬。

法拉第帶著一個發電機的雛形，非常熱心並滔滔不絕地講述著這個劃時代的發明，但史多芬的反應始終很冷淡，一副漠不關心的樣子。

事實上，這也是無可奈何的事情，因為他只是一個了不起的政治家，要他看著這種周圍纏著線圈的磁石模型，心裡想著這將會帶給後世產業結構的大轉變，實在是太困難了。但是法拉第在說了下面這段話後，卻使原本漠不關心的首相，突然變得非常關心起來，他說道：「首相，這個機械將來如果能普及的話，必定能增加稅收。」

顯而易見，首相聽了法拉第所說的話後，態度突然有了強烈的轉變。其原因就是因為這個發動機，將來一定會獲得相當大的利潤，而利潤增加必能使政府得到一筆很大的稅收，而首相關心的就在於此。

在很多人眼裡都把利益看成最首要的，那麼以「利」服人是一大先決條件，但是，將這條最基本要件拋於腦後的卻大有人在。他們沒有滿足對方最大的利益，一心一意只是想要滿足自己的私欲。

某酒廠的負責人成功研發了新水果酒，為求儘快讓產品打進市場，於是他決定說服社長批准後大量生產。

「社長，又有新的產品研發出來了。這次的產品是前所未有的新發明，絕對能暢銷。連我都喜歡的東西，絕對有市場性，我敢拍胸脯保證。」

「什麼新產品？」

「就是這個，用梨汁釀造的白蘭地。」

「什麼？梨汁釀的白蘭地！那種東西誰會喝？況且喝白蘭地的人本來就少，更不用說用梨汁釀的白蘭地……就是我也不會去喝。不行！」

「請你再評估評估，我認為很可行。用梨汁釀酒本來就不多見，再加上梨子有獨特的果香，一定很適合現代人的口味。」

「嗯，我覺得還是不行。」

「我認為絕對會暢銷……請您再重新考慮一下。」

「你怎麼這樣嘮叨？不行就是不行。」

「好歹也要試試看才知道好壞，這是好不容易才研發出來的呀！」

「夠了，滾吧！」最後，社長終於忍不住發火。

這位負責人不僅沒能說服社長，反而砸掉自己的名聲。

碰到這種自私自利、妄自尊大不知天高地厚的傢伙，別人只會感覺：「聽他口氣根本是個主觀、只會考慮自己的傢伙，還想把個人意見強加於別人！」如此一來，怎麼可能贏得說服的機會呢？因此，不管怎樣，你都應該考慮從對方利益為出發點的勸說方式。

讀到這裡，你一定會有「不可能有那樣的事，怎麼會有人不為自己設想呢？世界上沒有不替自己謀利的勸說。」然而，這是可能的。

該如何做呢？首先應充分考慮對方的利益為何，再考慮自己的利益何在，然後將兩者合併起來，找出雙方共有的利益所在，最後再著手進行勸說。先不要急著說雙方沒有共同的利益，一定會有的。重要的是，不要放棄，直到找出為止。

語言大師 精華提要

不得不說，在某種程度上，利益是最直接的誘導方式，當然，你必須提前確定對方對利益本身是感興趣的，否則，這個方法對他是無法奏效的。

02 巧設陷阱，讓對方多說「是」

趾高氣揚的人，雙腳會落進陷阱。

——維吾爾族諺語

有個日本小和尚聰明絕頂，他的名字可以說是家喻戶曉。他最擅長的說服方式就是誘導對方說「是」，這位小和尚的名字叫一休。

足利義滿把自己最喜愛的一只龍目茶碗暫時寄放在安國寺，沒想到被一休不小心打碎了。就在這時，足利義滿派人來取龍目茶碗。大家頓時大驚失色，不知所措，茶碗已被一休打碎，拿什麼去還呢？

一休道：「不必擔心，我去見大將軍，讓我來應付他吧！」

一休對足利義滿說：「有生命的東西到最後一定會死，對不對？」

足利義滿回答：「是。」

一休又說道：「世界上一切有形的東西，最後都會破碎消失，是不是？」

足利義滿答道：「是。」

一休接著說：「這種破碎消失，誰也無法阻止是不是？」

足利義滿還是回答：「是。」

一休和尚聽了足利義滿的回答，露出一副很無辜的神情接著說：「義滿大人，您最心愛的龍目茶碗破碎了，我們無法阻止，請您原諒。」

足利義滿已經連著回答了幾個「是」字，所以他也知道此事不宜再嚴加追究了，一休和尚和外鑑法師便這樣安然地渡過了這一難關。

在說服過程中，可以先巧設陷阱，讓對方在沒有防備的情況下，誘其說「是」。對方在不知不覺中會一步步墜入圈套。這時候你就牽住了他的「牛鼻子」，對方也不得不跟著你走。

誘使對方說「是」的方法是，開頭切勿涉及有爭議的觀點，而應順應對方的思路強調彼此有共同語言的話題，從對方的角度提出問題，誘使對方承認你的立場，讓對方連連說「是」，與此同時，一定要避免對方說「不」。

一個人的思維是有慣性的，當你朝某一個方向思考問題時，你就會傾向於一直考慮下去，這就是為什麼有些人一旦沉醉於某些消極的想法之後，就一直難以自拔的道理。在人際交往中，我們應懂得並運用這一個原理。

與人討論某一問題時，不要一開始就將雙方的分歧亮出來，而應先討論一些你們具有共識的東西，讓對方不斷說「是」，漸漸的，你開始提出你們存在的分歧，這時對方也會習慣性地說「是」，一旦他發現之後，可能已經晚了，只好繼續說下去。

「是」的反應其實是一種很簡單的技巧，卻為大多數人所忽略。懂得說話技巧的人，會在一開始就得到許多「是」的答覆。這可以引導對方進入肯定的方向，就像撞球一樣，原先你打的是一個方向，只要稍有偏差，等球碰回來的時候，就完全與你期待的方向相反了。

也許有些人以為，在一開始便提出相反的意見，這樣不正好可以顯示出自己的重要而有主見嗎？但事實並非如此，在現實生活中，這種「是」反應的技術很有用處。

詹姆斯・艾伯森是格林尼治儲蓄銀行的一名出納，他就是採用這種辦法挽回了一位差點失去的顧客。

「有個老人家走進來要開個戶頭，」艾伯森先生說道：「我遞給他幾份表格讓他填寫，但他斷然拒絕填寫有些方面的資料。」

「在我沒有學習人際關係課程以前，我一定會告訴這個客戶，假如他拒絕向銀行提供一份完整的個人資料，我們是很難為他開戶的。但今天早上，我突然想到，最好不要談及銀行需要什麼，而是顧客需要什麼。所以我決定一開始就先誘使他回答『是，是的』。於是，我先同意他的觀點，告訴他，那些他所拒絕回答的資料，其實並不是非寫不可。」

「『但是，假定你碰到意外，是不是願意銀行把錢轉給你所指定的親人？』」

「『是的，當然願意。』他回答。」

「『那麼，你是不是認為應該把這位親人的名字告訴我們，以便我們屆時可以依照你的意思處理，而不致出錯或拖延？』」

「『是的。』他再度回答。」

「老人的態度已經緩和下來，知道這些資料並非僅為銀行而留，而是為了他個人的利益。所以，最後他不僅填下了所有資料，而且在我的建議下，開了一個信託帳戶，指定他太太為法定受益人。當然，他也回答了所有與他太太有關的資料。

由於一開始就讓他回答『是，是的』，這樣反而使他忘了原本存在的問題，而高高興興地去做我建議的所有事情。」

促使對方說「是」的方法很多，當你與別人交談的時候，不要先討論你不同意的事，要先強調——而且不停地強調——你所同意的事。因為你們都在為同一結論而努力，所以你們的相異之處只在方法，而不是目的。讓對方在一開始就說「是，是的」。假如可能的話，最好讓你的對方沒有機會說「不」。

很多人先在內心製造出否定的情況，卻又要求對方說「好」，表現肯定的態度，這樣做是不可能讓對方點頭的。假如你要使對方說「好」，最好的方法是製造出他可以說「好」的氣氛，然後慢慢誘導他，讓他相信你的話，他就會像是被催眠般地說出「好」。

換句話說，你不要製造出他可以表示否定態度的機會，一定要創造出他會說「好」

的肯定氣氛出來。當你向別人發問，你可以連續不斷地追問下去，而最後使對方不得不說「好」。這是製造肯定氣氛最高明的技術，也是讓對方點頭的第一種妙方。

譬如當你看到某種東西，你先連續問對方五、六次：「它的顏色很漂亮吧！」「它的手工很精細吧！」「它的造型很完美吧！」「它的……」讓對方答出一連串的「是」之後，你再問他原先你想獲得他肯定回答的問題，那他一定會說「是」。因為在此之前，他已被你催眠似的說「是」，很自然地，在回答你這關鍵問題時，他也會說「是」。

所以，要使對方回答「是」，問問題的方式是非常重要的。什麼樣的發問方式比較容易得到肯定的回答呢？當然是你的問題已經暗示了你所想要得到的答案，這就是使對方點頭的第二種妙法。

譬如當你在說服別人購買你的商品時，不應該問顧客喜不喜歡、是否想買。你應該問他：「你一定喜歡，是吧！」「你一定很想買，是吧！」你必須用「這顏色很漂亮吧！」來代替「這顏色很漂亮吧？」因為，你問他：「顏色漂亮嗎？」他可以回答「不漂亮」。可是，你問他「顏色很漂亮吧！」他就不得不回答：「很漂亮。」

你一定在電影上看過那些老謀深算的律師，在法庭為被告辯護時，一定是一步一步誘導原告說出對被告最有利的情況。

第三種使對方點頭或說出肯定答案的妙方是，當你向對方發問而他還沒有回答之前，自己也要先點頭。你一邊發問一邊點頭，可以誘導他更快點頭。因為你的行動和態度會誘導對方的行動和態度。所以只要善用此原理，就會更快地得到對方肯定的答案。

語言大師 精華提要

要想和別人建立合作關係，在與人交談的時候必須記住至關重要的一點：不要從分歧開始，而要從雙方都同意的地方開始。這麼做能夠讓對方意識到你們的目標是一致的，不同的只是方法而已。

談話的開始階段極為重要，如果你從一開始就使對方說「是」，你將獲得事半功倍的效果；反之，你將面臨重重障礙。

03 軟硬兼施，對方自然拒絕不了你

理論只要說服人，就能掌握群眾，而理論只要徹底，就能說服人。
——馬克思【德國】

暴力與懷柔，兩者分開來用人人都可以將其發揮到極致，然而這樣效果往往不好，但是將兩者結合起來，雙管齊下，威力無窮，這就是「一加一大於二」的效果。

張嘉言駐守廣州時，沿海一帶設有總兵、參將、遊擊等官職。總兵、參將部下各有數千名士兵，每天的軍糧都要平均分為兩份。

參將的士兵每年汛期都要出海巡邏，而總兵所管轄的士兵都藉口駐守海防，從來不遠行。等到每過三、五年要修船不出海時，參將部下的士兵只發給軍糧的一半，如果沒有船修而不出海，就要每天減去軍糧的三分之一，以貯存起來待修船時再用。只有總兵的部下軍糧一點也不減，當修船時另外再從民間籌集經費。這種做法已沿襲很久，彼此都視為理所當然。

不料，有一天，巡按將此事報告了軍門，請求以後將總兵部下的軍糧減少一些，留待以後準備修船時再用。恰巧，這位軍門和總兵之間有過嫌隙，於是就倉促同意削減軍糧。總兵各部官兵聽到消息後，立即哄然嘩變，他們知道張嘉言在朝廷中很有威信，就逕自圍逼到張嘉言的大堂之下。

張嘉言神色安然自若，命令手下人傳五、六個知情者到場，說明事情真相。士兵們蜂擁而上，張嘉言當即將他們喝下堂去，說：「人多嘴雜，一片吵鬧聲，我怎麼能聽清你們說些什麼。」兵士們這才退下。

當時正下大雨，兵士們的衣服都淋濕了，張嘉言也不顧惜，只是叫這幾個人將情況詳細說明。這幾個人你一言我一語，都說過去從來沒有扣減總兵官兵軍糧的先例。

張嘉言說：「這件事我也聽說了。你們全都不出海巡邏，這也難怪上司削減你們的軍糧了。你們要想不減也可以，不過那對你們並沒有什麼好處。上司從今以後會讓你們和參將的士兵一樣每年輪換出海巡邏，你們難道能不去嗎？如果去了，那麼你們也會同他們一樣，軍糧會被減掉一半。你們費盡心機爭取到的東西還是拿不到的，肯定要發給那些來替換你們的士兵。既然是這樣，你們為什麼不聽從上司，將軍糧稍微減少一點呢？而你們照樣還可以做你們大將軍的士兵，你們再認真考慮一下吧！」

這幾個人低著頭，一時無法對答，只是一個勁地說：「求老爺轉告上司，多多寬大體恤。」

張嘉言問：「你們叫什麼名字？」

他們都面面相覷不敢回答。

張嘉言頓時罵道：「你們不說姓名，如果上司問我，『誰稟告你的？』讓我怎麼回答！」

這幾個人只好報了自己的姓名，張嘉言一一記下，然後，對他們說：「你們回去轉告各位士兵，這件事我自有處置，勸他們不要鬧了。否則，你們幾個人的姓名都在我這兒，上司一定會將你們全部斬首。」

這幾個人頓時嚇得面容失色，連連點頭稱是，退了出去。

後來，總兵部下的士兵每日被扣軍糧銀一錢，士兵們竟然再也沒有鬧事的。張嘉言的這招恩威並施堪稱經典。

在說服他人的過程中，採用剛柔相濟的勸誡之術，一方面能使別人能體面的「退」，另一方面又堅持自己的原則，使自己的主張得到採納，這種方法使許多事情的處理尚有餘地。

軟硬兼施的方法還可以以兩種人合作逼人就範的形式來實施。比如電影中審訊犯人的絕妙技巧：警員聲色俱厲地威脅、恐嚇犯人，把他逼到山窮水盡的困境。這時又一位陪審的警員出場，他的態度十分溫和地對罪犯表示信任和理解。無論是在影片中還是現實生活中，無論是哪個罪犯都會受這種技巧所驅使，十有八九會坦白認罪的。

而現實中警界的審訊，雖沒有影片中表現得那麼生動活潑，基本上方法也是如出一轍。首先罪犯由攻擊型的警員來審問，以凌厲的攻勢摧毀對方的意志，向他說明他的罪證確鑿、他的同夥都招供了等等，把他逼到進退兩難的邊緣。

接受了這樣的審訊後，有的人會屈服，而頑固的罪犯則會死不認罪。這種情況下，則派另一位溫和型的警員審問他。警員完全站在罪犯的立場上，真心地安慰他、鼓勵他：「你的兄長都希望你得到寬大處理，希望你為他們考慮」等。對這種方式，罪犯往往會自慚形穢，坦白自己的一切犯罪行為。

這種手法是一種奇異的心理法則，又稱「緩解交代法」。由緩特徵與急特徵的兩個人合作，一方首先把對方逼到心理的死胡同去，讓他一籌莫展。這時另一個人出來指點給他一條逃避的暗道。這種情況下，對方就會自然地奔向那條可以脫身的暗道了。

語言大師 精華提要

任何一位高效的溝通者，都會在不知不覺中使用一些技巧來達到他們說話的目的，而軟硬兼施無疑是其中的一個好辦法。它為雙方節約了大量的時間，帶來的結果往往會讓人滿意。

04 利用大多數人的逆反心理，說反話

知道真理而大聲說出來的人，是說謊者和騙子的同謀。

——貝璣【法國】

「請不要閱讀第七章第七節的內容，」這是一個作家在他著作扉頁上一句饒有趣味的話。後來，這個作家做了一個調查，不由得笑了，因為他發現絕大部分的讀者都是從第七章第七節開始讀他的著作的，而這就是他寫那句話的真正目的。

當別人告訴你「不准看」時，你就偏偏要看，這就是一種「逆反心理」。這種慾望被禁止的程度愈強烈，它所產生的抗拒心理也就愈大。所以如果能善於利用這種心理傾

向，就可以將頑固的反對者軟化，使其固執的態度做一百八十度的大轉彎。

某建築公司的一位工程師，有一次折服了一個剛愎自用的工頭，這個工頭常常堅持反對一切改進的計劃。工程師想換裝一個新式的指數表，但他想到那個工頭必定會反對的。於是工程師去找他，腋下還挾著一個新式的指數表，手裡拿著一些要徵求他意見的文件。

當大家正在討論這些文件的時候，工程師把指數表從左腋下移動了好幾次，工頭終於先開口了：「你拿的是什麼東西？」

工程師漠然地說：「哦！這個嗎？這不過是個指數表。」

工頭說：「讓我看看。」

工程師說：「哦？唉呀，這東西你不會想看的！」然後假裝要走的樣子，接著說：「這是給別的部門用的，你們部門又用不到這東西。」

但是，工頭又說：「我很想看一看。」當他審視的時候，工程師就「隨意」但又非常詳盡地把這東西的效用講給他聽。

工頭最後說：「我們部門用不到這東西嗎？糟糕，它正是我想要的東西呢！」

工程師故意這樣做，果然很巧妙地把工頭說動了。

逆反心理並不是執拗的人才有，喜歡跟別人對著幹也是大多數人的習慣，因為每個人都不願乖乖服從於任何人。

某太太認為她丈夫很不像話，便到處向朋友訴苦，她本以為朋友會勸她打消離婚的念頭，不料那位朋友卻說：「這麼不像話的丈夫，還是趁早離婚，免得將來受苦。」

這位太太聽朋友這麼一說，反倒認為：「其實，我丈夫也並非壞到這般地步。」而收回了離婚的念頭。

離婚並非那位太太的本意，她只是想在朋友那裡抱怨抱怨自己丈夫，可是當朋友真的勸她離婚時，她就產生了「逆反心理」：為什麼不是勸我別離婚，而是勸我離婚呢？我要是離婚了，一個人孤零零的不是讓大家看笑話嗎？再說我老公有那麼差嗎？大家都勸我離婚，我偏不離！

所以，我們在勸說別人的時候，也可以適當利用對方的逆反心理，說些反話，讓對方自己醒悟，做出正確的決定。

語言大師精華提要

大多數時候，是不是正確，對方是心中有數的，只是從我們口中得來的提醒，多少會令其牴觸。這時，我們可以反過來，說一些反話，對方自然會反駁我們，回到正確的軌道上來，我們的勸服的目的也就達到了。

05 開門見山，讓對方不好意思當面拒絕

手中有真理就不怕人不服。

——約．羅斯文金【英國】

談話是一門藝術，對一些執迷不悟、麻木不仁者，可以一針見血指出其錯誤。

有一位中學生，自以為看破紅塵，認為世人都是虛偽的，並多次在作文與言行中流露出走的想法。有次不顧勸阻，真的出走了。班主任知道後，立即騎車追尋，好不容易找到了他。

回校後，班主任針對這位學生存在的糊塗認識，一針見血地指出其錯誤：「你認為

人與人之間不存在真實，可是，你臨走時寫信給我，這說明你對老師的愛是真實的；你信中說要我多送幾個同學升學，這也說明你對我們班的愛是真實的；你對父母、姐姐的愛也是真實的。在你身上存在著這麼多真實的成分，難道別人就會是虛偽的嗎？」老師的話字字如針，扎在他心中，引起他強烈的震憾，他沉痛地垂下了頭。

理不說不明，很多話不說破說透，執迷不悟的人只會積久成疾。《紅樓夢》第四部中，鳳姐使用「掉包計」，誘騙賈寶玉與薛寶釵成婚。婚後，寶玉對林黛玉朝思暮想，以至病勢日見沉重。賈母等為了不刺激賈寶玉，不敢對他言明黛玉已死的事實。

薛寶釵冷眼旁觀，知寶玉之病因黛玉而起，欲使其好轉，也必應以黛玉為契機。所以在一次他們兩人談話提及黛玉時，寶釵果斷地告訴寶玉，「林妹妹已經亡故了」。寶玉聽到後，痛不欲生。但大痛過後，想到人死再不能復生，也就無可奈何了，就這樣心中多日鬱結的縈掛思戀，被寶釵猛一點破，身體竟慢慢地好了。

寶釵這一做法，確是比賈母等高明多了。遇到此種情況，何不學學薛寶釵，令其一時痛苦，以免日後煩惱，進而能夠真正面對現實，重新振作起來。

現實生活中，在很多商業場合，如果不及時抓住機會，把意圖直截了當地表達給對方知道，往往會錯過很好的合作項目。只要抓住機會，開門見山要求客戶下訂單，成功就不會像人們想像的那麼艱難。

一家小公司的業務工作局面開始打開，有一天，小公司的總經理終於約見了幾個月來就想拜見的另一家大公司的總裁，以及好幾位副總裁，希望為這家大公司生產配套產品。整個會談進行得十分順利，但是大公司的人到了最後的關頭卻沉默了。

錯過這個機會，再和他們在一起就會非常難。於是，小公司的總經理直截了當地向大公司的總決策人提出了自己的想法：「我剛才非常榮幸地向各位介紹了本公司能為貴公司提供的配套服務，對於雙方今後的合作計劃、前景也得到了各位一致的贊同，這項合作計劃對我們雙方都將是有利可圖的。但是如果我們一離開這房間，這項業務可能因為對貴公司的大業務來說算不上什麼而被暫置一旁。我們公司為這個非常重要的業務已經等待了四個月的時間，既然我們都認為這是一個可行的合作專案，何不趁總裁先生和幾位副總裁在場就把合作協定簽了，為我們的初次合作畫上一個完滿的句號呢？希望能原諒我的冒昧請求。」

大公司的總裁先生從沙發上站了起來，握住了小公司總經理的手，說了一聲：

「好！」於是，合作協定就這樣簽約了。

當小公司的總經理回到公司把結果告訴同仁，他們都感到非常驚奇而難以置信，不到一個上午的會就大功告成。

語言大師 精華提要

這就叫「該出手時就出手」，時機成熟，就千萬不要再扭捏作態，含蓄牽強，很多說服工作都是水到渠成的，關鍵結尾處，務必乾脆俐落，開門見山地亮出自己的觀點。

06 旁敲側擊，繞圈子說服

理解一切，便寬容一切。

——羅曼・羅蘭【法國】

西方人有個習俗：男子戴帽，入室必摘下。而女士戴大簷帽，在室內可以不摘。一家電影院常有戴帽的女觀眾，坐在她們後排的人，十分反感，便向經理建議，請其通行禁令。經理不以為然，說：「公開禁令不妥，只有提倡戴帽才行。」提建議者聽完大失所望。

第二天，影片放映前，銀幕上打出一則啟事：「本院為了照顧高齡的女客，允許她們照常戴帽，不必摘下。」

啟事一出，所有戴帽者「唰」的一聲帽子全都摘下了，無一例外，因為西方人忌諱別人說自己老，尤其是女性。

可見，說服他人做什麼事可以根本不用面對面提出你的意願，也不用說得直白無誤，採用一種旁敲側擊的方法有時候更奏效。

西元前六三六年，在外流浪十九年的晉公子重耳，在秦穆公的幫助支持下，就要回國為王了。渡河之際，壺叔把他們流亡時的舊席破帷仍然當寶貝似的搬上船，一件也不捨得丟掉。重耳一看，哈哈大笑，說自己就要回國為王了，還要這些破爛幹什麼？他命令全部拋棄這些東西，狐偃對重耳這種未得富貴先忘貧賤的言行非常反感，擔心以後重耳會像拋棄破爛一樣，把他們這些陪伴他長期流浪的舊臣也統統拋棄。

於是，他當即向重耳表示，他願意繼續留在秦國，因為在外奔波了十九年，自己現在心力俱悴，身體已經像剛才重耳丟棄的舊席破帷一樣無法再用，回去也沒有什麼價值了。

重耳一聽便明白了狐偃的意思，馬上作了自我批評，並讓壺叔把東西一一揀回，表示返回國後，一定不會忘掉狐偃的功勞和苦勞，同心共政，治理晉國。

在對別人進行勸服時，由於種種原因不好直說，往往不能直截了當地點出對方的意見和觀點是錯誤的，這時若能旁敲側擊，以事物啟發人，會更通俗易懂為對方所接受。

古人明白這個道理，有些外國人也把這一個方法運用得出神入化。

著名的出版業巨人哈斯特是從創辦一份小型報紙起家的，經過幾年的奮鬥，他擁有了二十三家報紙和十二種雜誌。一次，這位傑出的人物遇到了一件令人煩惱的事情：著名的漫畫家納斯特為他繪製了一幅令他大失所望的漫畫。

哈斯特覺得這樣子可不行，一定要想辦法讓他重畫一張令人滿意的圖畫才行，可是怎樣才能讓那位著名的漫畫家能夠重畫一張傑出的作品呢？而且，還有一個問題就是，這樣一來，原先那幅失敗的作品就會因此而報廢，他一定會有受挫感的，要怎樣才能讓他愉快地重畫呢？

當天晚上，大家一起共進晚餐的時候，哈斯特對著那幅失敗的作品好好地讚賞了一番，他表示：「本地的電車時常讓許多小孩子不慎傷亡，有的時候，駕駛電車的司機看上去簡直不像活人，倒像個死人。照我自己看來，那些人好像只是瞠目結舌地看著孩子們在街上玩耍，卻毫無顧忌地衝上前去。」

這時，納斯特激動地一躍而起，驚奇地說道：「老天！哈斯特先生，這個場景足以畫出一張讓人震撼的圖畫來啊！你把我那張畫作廢吧，我給你重新畫一張更出色的。」就這樣，納斯特異常激動地待在旅館裡，連夜趕製這幅漫畫，第二天果然就送來了一幅情境異常深刻的漫畫。

精明的哈斯特誘使納斯特主動提出將自己的畫作廢，並自願加班趕製一幅新的畫卷，是哈斯特利用暗示來將看似突發奇想的靈感，不著痕跡地移植到了納斯特的心裡，讓納斯特興致勃勃地完成了一幅新的傑作。

對於情緒牴觸的人，正面說服雖然能夠表達說服者的誠心，卻不能達到解除對方牴觸的目的，而如果在形式上加以改變，卻能達到重點說服所不能達到的效果，大家在與人交流的過程中可以適當地運用。

語言大師 精華提要

對於一些帶有明顯抵抗情緒的人，你最好不要單刀直入地進行勸說，而應該適當婉轉一些，繞個圈子，用對方可以接受的方式進行說服。

07 指桑罵槐，間接讓對方明白你的意思

凡是真理，所需的只是讓公眾知道而後得到承認。

——雪萊【英國】

指桑罵槐，即明知對某人某事不滿，但並不直接進行攻擊，而是採用迂迴的方式表露自己的想法。

有個人在朋友家做客，天天喝酒，住了很久還沒有啟程之意，主人實在感到討厭，但又不好當面驅逐。一次，兩人面對面坐著喝酒，主人講了這麼一個故事：

「在偏僻的路上，常有老虎出來傷人。有個商人販賣瓷器，忽然遇見一隻猛虎，張

著血盆大口，撲了過來。說時遲，那時快，商人慌忙拿起一個瓷瓶投了過去，老虎不離開，又拿一瓶投了過去。老虎依然不動。一擔瓷瓶快投完了，只留下一瓶，於是他手指老虎高聲罵道：『畜生畜生！你走也只有這一瓶，你不走也只有這一瓶！』」

客人一聽，拔腿就走了。

指桑罵槐的另一個妙用在這裡得到了體現——逐客令。主人明說虎暗指客，達到了逐客的目的。對於那些不自覺的客人，我們不妨使用這樣的逐客法，避免正面交鋒。對於一些頑固不化的人來說，循規蹈矩的勸說口舌，根本達不到效果，還不如以反話切入。

某企業待遇苛刻，下級職員苦不堪言。在經濟緊縮、差事難謀的情況下，又不好「一怒之下，摔冠而出」，只好多次向老闆進言，但均無功而返。

一天，某部門經理靈機一動，想了一個計策，決定在老闆面前試一試。

他對老闆說：「公司員工都表示待遇太低，生活太艱苦，別的花費暫且不說，每月上班的交通費，也不勝負荷，教他們如何解決呢？」

老闆說：「叫他們安步當車，一文不費，還可以鍛鍊身體，不是一個好辦法嗎？」

部門經理搖搖頭表示不行：「走破了鞋襪，搞不好還沒錢換新鞋呢？我倒有個建議，希望老闆出一公告，提倡赤腳運動，要求大家赤腳上下班，問題不就解決了嗎？誰教他們命運太差，偏偏生活在這個時代！誰教他們不去想發財的門路，偏偏來我們公司上這樣辛苦的班！他們坐不起公車、客運，也不能鞋襪整齊地到公司來，都是活該！」

部門經理一面說，一面笑，弄得老闆也不好意思起來，只好答應調整一下待遇。

老闆不能罵，那就「罵」下屬，老闆不會聽不出下級對他的抱怨。使用這種方法跟上司交流時要注意輔以微笑，這樣可以一面間接說出自己的意見，一面緩解雙方的壓力。

當一個上司要責備屬下時，也必須使用這種技巧。譬如，雖然你明明是要責備乙的不是，但你並不正面指責，而以指桑罵槐的方式來責備甲，因為此時你若是責備乙，乙的心裡必感到難受，對日後的改進不見得就會有效，何況你們二人之間尚有一段距離。

但是為何又要責備甲呢？因平時你與甲之間已不存有隔閡，即使甲犯了同樣過錯而受到上司的指責，也不會感到十分在意。但是，因為當時乙也在場，他聽後心裡會在想「原來這樣的過錯我也犯過」，於是乎你的目的便可望達到。

而此時的乙也絕不會認為「反正這是別人的錯，不關己事」，反而會因為「原來上司是在說我，但他並不責罵我，反而責罵他人來顧全我的臉面」而感激不盡。

語言大師 精華提要

指桑罵槐的指責方式，對下屬們是很奏效的。不過，需要特別注意是，指桑罵槐術不是一種常用的方法，只是在某些特殊的、偶然的場合，如果濫用此術去攻擊同事和朋友，這只會導致眾叛親離的惡劣後果。

08 以喻曉理，別人都會聽你的

比喻是天才的標誌。

——亞里士多德【古希臘】

古希臘哲學家亞里士多德說過：「比喻是天才的標誌。」的確，善於比喻，是駕馭語言能力強的表現。說理時運用貼切、巧妙的比喻，可以生動地表情達意，增強說理的魅力。

春秋時，孔子弟子宓子賤奉命去治理魯國的縣城亶父，宓子賤擔心魯國君主聽信讒人的壞話，使自己不能實行自己的主張，便在告辭上任的時候，請求帶上魯君身邊的兩個官吏跟自己一起去。

到了亶父，當地的官吏都來朝見。宓子賤讓那兩個官吏做書記，但他們一動筆，宓子賤就從旁邊拉他們的胳膊。待他們記完，字跡不清，宓子賤又為此而大發脾氣。這兩個官吏對他這種做法十分憤恨，就告辭請求回去。

兩個官吏回去以後，向魯國君主稟報說：「我們不能給宓子賤這個人當書記。」

魯國君主說：「為什麼？」

官吏回答說：「宓子賤讓我們書寫，卻不時地拽我們的胳膊肘，寫得不好又大發脾氣，這就是我們所以要告辭離開的原因。」

魯君長歎說：「宓子是用這種方式對我的缺點進行勸諫啊。我擾亂宓子，使宓子不能實行自己的主張，這樣的事一定多次發生過了。假如沒有你們出的笑話，我幾乎要犯錯誤。」

於是魯君就派人去亶父告訴宓子說：「從今以後，亶父不歸我所有，歸你所有。凡是對亶父有利的事情，由你自己決定去做吧。五年以後再報告施政的要點。」於是宓子賤在亶父開始實行自己的主張，把當地治理得很好。

沒有太多的口舌，只憑藉一個比喻，宓子賤就讓魯君明白了他的意願。平常生活中，我們也不時地會運用到比喻，而且總是用最熟悉的東西來打比方。

某大工具製造公司所屬的工廠，安排召開一次預算與標準成本的研討會。開會時，成本設計部門的負責人應邀說幾句話。

他手裡拿著該公司生產的一件產品：「我想大家都知道這是什麼？」席間立即傳來一片「當然、自然、那還用說……是溫度計。」的回答。

成本部門的主管說：「我看得出來你們非常瞭解自己所置身的企業，現在你們再看看這是什麼？」他又拿起公司所生產的另一件「產品」。

「調溫器」底下又是一片叫聲。

「大家又說對了。」這位主管說：「現在你們已經知道什麼是會計，什麼是預算。這種售價數百元的溫度計是一種『測量』的工具，它告訴我們測知的溫度，和會計的功用完全一樣。而調溫器——我拿的這種產品在外面只賣幾塊錢，是專門用來『控制』的工具。它不但告訴我們現在的溫度，還可將溫度控制在一特定的範圍內，而預算的功用也是如此。這次研討會的目的，就是告訴大家有關測量與控制的細節！」

這位主管巧妙地引用員工自己最為熟悉的產品來比作「預算」和「控制」，使枯燥無味的研討會變得生動有趣，大大增強了說服的魅力。

值得注意的是，運用類比喻理時，必須是兩類事物具備同類屬性，其「理」也必須是相通的，這樣才能啟發人，說服人。比喻說理，淺顯易懂，感人至深，但是大家在言語中運用比喻時要恰當，這樣才可能說理精闢，達到好的溝通效果。

語言大師 精華提要

以喻曉理，只需取喻明顯得當，把精闢的說理與摹形擬象的描繪揉合為一體，就能給人哲理上的啟迪，同時給人藝術上的美感。

09 口頭上假意退步，以便更好地說服

只有恆心可以使你達到目的，只有博學可以使你明辨世事，真理常常藏在事物的深底。

——席勒【德國】

很多人在購買東西的時候都會有這樣的經歷，有時候你看上了一件衣服，商家說：「你穿起來真漂亮，衣服又不貴，也就兩千元。」

你一聽，兩千元，離你能接受的價格有點遠啊，於是你說：「太貴了，算便宜點吧？」

商家通常會說：「你打算出多少錢？」而通常的砍價經歷告訴你，對半砍應該沒有

問題，於是你說：「一千，一千我就買。」商家則多半要哭訴一番，說自己房租怎麼怎麼貴，說成本都拿不到……然後就繞到正題上：「你再加一點。」這個時候你是加錢還是不加錢呢？

你拿著衣服又看了看，覺得確實好看，可是要你加錢你覺得不划算，於是你還是想跟商家協商：「就一千吧？」這下你就會處於被動地位，商家只要看出你的猶豫和你對商品的喜歡，則會變得稍有強硬，往往說：「不行，你不加的話我沒辦法賣，總不能要我們賠錢吧？」這時候你該怎麼辦呢？

有些人就會覺得那我還是加點吧，於是最後又加了一百～兩百元不等。最後你又讓商家多宰了，而真正該做的其實就是放下衣服，然後說：「好吧，我不買了。」通常這時，商家總會叫住你，說：「唉，算了，我換現金就好，出去別說是用這麼低的價格買啊！」你當然知道店家絕不會賠錢賣給你，但是你也得意於在這場談判中，最後還是你占了上風。

這就是你假意退出，讓對方覺得如果他不答應你，那這筆買賣就做不成，進而有了危機感，也就答應了你提的條件。當然這場協商中，你提的條件也不能太離譜，比如一件棉大衣，人家要兩千，你總不能開口就說自己只願意出三、五百，那協商就沒有餘地了，說不定還會被一些不良商家臭罵一頓。

不過這種手法不是現代人所獨創，早在兩千年前，中國的智者就已經會用這招「以退為進」。

優孟是先秦時期的口才大師，是楚莊王面前的善辯之人。有一次，楚莊王十分喜愛的一匹馬得病死了，莊王命令全體大臣為死馬致哀，並要按士大夫的禮節舉行葬禮。百官紛紛勸阻，莊王大動肝火，下令如有再勸阻者，定判死罪。正當大家一籌莫展的時候，優孟闖進宮來號啕大哭。

莊王問為什麼，優孟說：「這匹馬是大王最心愛的馬，現在卻僅以士大夫的葬禮來辦喪事，實在太輕慢了！我請求用君王的禮儀來埋葬。」

楚莊王一聽甚為高興，便問：「依你之見，怎麼個埋葬法呢？」

優孟說：「最好以雕花的白玉做棺材，以精美的梓木做外槨，還應建造一座祠廟，放上牌位，追封牠為萬戶侯。這樣，天下的人就都知道，大王對馬的愛惜和重視更甚於對人的愛惜和重視了。」

楚莊王一聽，如夢初醒，說：「我竟錯到了這種地步！」

優孟首先順著莊王的旨意大談要對死馬進行厚葬，以貌似違逆本意的退卻方式，既迷惑對方又為自己累積優勢，一旦優勢達成，便一發而出，以「重馬甚於重人」一語給予當頭棒喝，使莊王恍然悔悟。

現在已經沒有了皇帝和大王，但是在商務談判中，這一招還會經常使用。只不過商務談判的標的就不像衣服一樣為了幾十塊或是幾百塊錢而談判，所以商務談判大多是緊張而激烈，需要談判者付出大量的精力，談判者因而也極易產生情緒，使雙方爭執不下、互不相讓，致使談判出現僵局。在這種情況下，適時暫停談判，採取「走為上策」的談判策略，可以使雙方冷靜地考慮自己的處境和對方的情勢。事實證明，「走為上策」的談判策略，確實能為運用者帶來利益。說穿了，這就是一種以退為進的策略。

「以退為進」是軍事上的用語，暫時退讓，輸贏未定；伺機而進，爭取成功。談判也如打仗一樣，亦是互相交鋒，爭鬥激烈。有時要繼續談下去，有時則要暫時休會，有時要據理力爭、討價還價。

打仗也好，經商也好，談判也好，暫時的退卻是為了將來的進攻。這也是「退」與

「進」的辯證法在談判桌上的靈活運用。

語言大師 精華提要

在口頭上針鋒相對，雙方都得不到好處，這時，我們可以適當退一步，這樣既可以滿足對方求勝的心理，還能便於下一步說服工作的展開。

10 利用權威和角色說服對方

只要你說話有權威，即使是撒謊，人家也信你。

——契訶夫【俄國】

在說服別人的時候，抬出權威來說話，這就是「權威說服法」。有些推銷人員在賣人壽保險的時候喜歡提到權威人士。他們說：「你們工廠的經理也買我們的人壽保險。」大家會說：「噢，我們公司的經理那麼精明能幹，他們都買你們的人壽保險，看來你們的人壽保險是不錯，買吧。」他沒有經過很深的判斷，他就這麼做了。這就是利用了權威的心理。

有的時候沒有這種權威人士讓你做宣傳，那怎麼辦呢？那麼用數位、用統計資料。因為一般人認為數字是不會騙人的，所以你說：這家工廠用了我們的機器後，產量增加二十％，那間工廠用了我們的電腦後，效率提高了五十％。那麼你把這些數位拿給客戶看，客戶會很容易就接受了。

有些時候統計數字太少，產品剛上市還沒有那麼多客戶的時候，還有一種方法，就是用前面的顧客買了他們的產品覺得滿意寫來的信函。這種做法對新顧客，對一些小的公司也能有著一定的影響作用，這就是權威的心理。

利用角色說服對方「讓你換成我，你會怎麼辦？」這種說服法利用了「角色扮演」使對方有互易立場的模擬感覺，藉此感覺達到說服對方的目的。

美國人際關係專家吉普遜，他認為他的好友之一，某陸軍上將之所以能有成就，完全得力於他擁有超人的說服技巧。吉普遜的這位朋友從小就憧憬著軍旅生涯，一九二九年美國經濟恐慌，人人被生活逼得走投無路，年輕人都一窩蜂擠入各兵種的軍事學校。他特別鍾情於西點軍校，可是有限的名額早就被有辦法的人的子弟佔據了。他只是個升斗小民，於是乎，他鼓起勇氣，一一拜訪地方有頭有臉的人物，不怕碰釘子，勇敢地毛遂自薦：「我是個優秀青年，身體也很棒，我平生最大的意願，是進西點報效國家，如果您的子弟和我一樣處境，請問這怎麼辦呢？」

沒想到，這些有地位、人脈廣的人物，經過他這麼一說，十之八九都給了他一份推薦書。有的人更積極為他打電話，拜託國會議員，最後他終於成了西點軍校的學生。

任何人對自己的事，總是懷著很大的興趣和關切。這位年輕人如果不以「如果您的子弟和我一樣」這種角色互換作為攻心戰術的話，他哪能有往後的成就？

要說服別人，先得使他進入情境，對你的問題感同身受，興起關切之心。別人在回答「如果你是我……」的問題時，不自覺地便把自己投射在該問題中了，最起碼的收穫，他的回答已經為我們提供了較客觀的解決方法。

語言大師 精華提要

一般來說，權威的話語比較有力量，可信度也高。而角色轉換可以讓對方更好地感同身受，如此雙重勸服，一定可以達到不錯的效果。

11 說服，先從對方較得意的事情說起

寬容是互贈的禮品。
——俞吾金

從孩子的天性，我們可以發現一點：當我們稱讚、誇獎他們時，他們是何等高興、滿足。其實，他們並不一定具有我們所稱讚的優點，而只是我們期望他們做到這點而已。這就是一種典型的「增高鞋」之例。

在我們與他人交往時，何不也效仿這一做法呢？因為不管是大人還是小孩子，他們都喜歡別人給自己一個美名，如果他們沒有做到這一點，內心裡也會朝此目標努力，因

為他們知道這樣就可以得到一個美名，可以站在一個受人讚賞的高度。

如果你懂得讚美對方，那再難的事情也會變得順利起來。在信用受到普遍懷疑的年代，貸款變得越來越不容易，可是就有人靠一張會說話的嘴換來了巨額款項。

約翰是美國的大企業家，他決定在芝加哥為他的公司總部興建一座辦公大樓。為此，他出入了無數家銀行，但始終沒貸到款。於是，他決定先上馬後加鞭，他用自己設法籌集的兩百萬美元，聘請了一位承包商，要他放手進行建造，好讓他去籌措所需要的其餘五百萬美元。假如錢用完了，而他仍然拿不到抵押貸款，承包商就得停工待料。

建造開始，到所剩的錢僅夠再花一個星期的時候，約翰恰好和大都會人壽保險公司的一個主管在紐約市一起吃飯。他拿出經常帶在身邊的藍圖，想激起這個主管對興建大廈的投資興趣。他正準備將藍圖推在餐桌上時，主管對約翰說：「在這兒我們不便談，明天到我辦公室來。」

第二天，當主管斷定大都會公司很有希望提供抵押貸款時，約翰說：「好極了，唯一的問題是今天我就需要得到貸款的承諾。」

「你一定在開玩笑，我們從來沒有在一天之內為這樣的貸款進行承諾的先例。」主管回答。

約翰把椅子拉近主管，並說：「你是這個部門的負責人。也許你應該試試看你有沒有足夠的權力，能把這件事在一天之內辦妥。」

主管滿意地笑著說：「讓我試一試吧。」

事情進行得很順利，約翰在自己的錢花光之前的幾小時，拿著到手的貸款回到了芝加哥。

這就是讚美對方的妙處。誰也拒絕不了那種突然拔高的感覺，當遇到某些頑固而又愛美的女性，不妨直接在這個方面誇讚一番，這樣她會更加飄飄然，說服她也就不難了。而要想說服男性，比如你的上司、你的客戶，或者你的朋友，先讚美也能提高說服的「效率」。

語言大師精華提要

許多人喜歡和別人觀點相左，這樣做能使他們感到自己更有分量。事實上，這樣做沒有什麼好處。如果他們只是想找「有分量」的感覺，也許還說得過去；如果他們想實現什麼目標的話，這種做法就太愚蠢了。因為要使對方在一開始就說「不」很容易，但是要想把這個「不」變成「是」就很難了，所以你可以適當滿足對方虛榮心，說不定這樣可以改變他否定的態度。

12 做個「應聲蟲」，消除心防再說服

附和真理，生命便會得到永生。

——泰戈爾【印度】

語言專家認為，重複對方所說的話，當個「應聲蟲」或為對方幫腔，還表現出肯定對方的表情，可以幫助自己在瞭解對方真正想法的基礎上進行說服。

做個「應聲蟲」，是說要讓對方知道「我正專心一意地聽你講話」，不但表示對對方語言的重視，也可以此消除對方的心理防禦，進而深入對方內心，探察對方真正的意圖。如果對方並不是邏輯縝密的高手，而是一般的人，他們的語言策略和防禦就比較隨

意，天南地北無所不談，事實上，這些話題也正是你攻入對方心理禁地的最佳時機。

在與對方周旋時，幫腔分兩種情況：一種是滿懷誠意的幫腔；一種是隨聲附和，不含真實感情。一般而言，當我們贊同對方的觀點時，往往會點頭示意；如果是小幅度而且快速的猛點頭方式，那麼多半是裝腔作勢。

在對話中，聽者可能隨時會插進一句附和語言，表示對其所言的贊同。大致說來，附和語言主要有兩種：一是重述對方所言；二是提出附和，其中還夾雜著某種贊同的表情、語言、肢體動作。

有一位推銷員和一位太太對話時，就使用了附和語言策略。

「太太，妳的皮膚真好，本公司化妝品非常適合妳。」

「可是，我已經有化妝品了呀！」

「哦！妳已有化妝品了？」

「嗯，我用的是××品牌的化妝品，差不多該有的都有了。」

「都有了？」

「是啊！像我這種年紀的女人，平時不常出門，所以要買都會一次性買齊了。」

「原來妳很少出門。」

「不過，以後我可能會出門多一點了，我的孩子大了，快結婚了。」

「唔，看不出來啊，妳皮膚這麼好，孩子都快結婚了，妳不會是騙我的吧。」

「還好啦！你真的覺得我的皮膚很好嗎？與我這種年紀的其他女性相比，我的皮膚好嗎？」

就這樣，兩個人一直順勢談下去，那位推銷員就是用這種附和的語言策略，先取得她的好感，然後一步步化解她的心防，瞭解了她的內心需求，再提出她想要的服務；而這位太太也覺得這名推銷員善解人意，便爽快地買下他的化妝品，儘管她已經有非常多的化妝品，但還是難以拒絕推銷員的建議。由此可知，在和人對話時，專心傾聽對方所說的每一句話，自然會使對方感到受尊重，對方也比較容易說出真心話。

在附和對方的語言時，你會不自覺地附帶某種表情，如一面答應對方的話，一面點頭表示贊同，這就是立即肯定和接受對方的談話內容。如果慢慢地點頭，就表示你的贊同是經過認真考慮的。

如果仔細觀察你會發現，女性在聽人家說話時，點頭的次數比男性多。當她們說著

「嗯」、「是啊」、「是這樣啊」等肯定語言時，會不經意地點頭。事實上，她們點頭只是出於情緒的反應，並不表示她們把話聽懂或聽進去了，女人是情緒性的動物，她們只不過是被對方的情緒所感染，在情緒上表示贊同而已。

相對的，當你與喜歡附和別人說話的人打交道時，一定要先分析他之所以這麼做的目的，是真誠還是偽善，是別有企圖還是出於禮貌而已。如果你能認真分析其中差別，必然有助於你在社交場合中避免被騙或是被人設計。

再者，自己為自己幫腔是一種奇妙的現象。比如，一面說話一面肯定自己，一人同時扮演說者和聽者的角色。所謂的自言自語就是如此。

很多演員都會在表演中運用這種技巧來渲染當時的氣氛，以便更加吸引觀眾，說服觀眾長期關注他們的表演。所以，我們在與人交談的過程中也可以適當運用此方法，能進而更好地說服對方。

語言大師 精華提要

在你不斷應聲的過程中，對方會慢慢對你產生好感，因為你的態度讓他覺得你是支持他的。在對方消除心防以後，你可以再進行說服。不過，有一點要注意，就是千萬不能在應聲的過程中忘記了自己的初衷，那樣就是你被說服，而不是說服對方了。

13 用實例和見證人進行說服

只有忠實於事實，才能忠實於真理。

——周恩來

當你的說服策略一再失敗，對方不願接受你的提議，這表示對方根本不相信你所說的話。這時候，你不妨拿出證據或舉出實例或數字，才有機會力挽狂瀾，反敗為勝。舉例來說，當一個業務員一直被客戶拒絕時，就會以實例舉證的方法來說服對方：

「李小姐，我知道妳的顧慮，我們公司比較年輕，很多人對我們的產品不夠瞭解，對我們的信譽也持保留意見。其實不然，你知道××集團的張總吧？聽他說，他跟你的父親是商場上的老朋友呢！」業務員說。

「嗯。我們兩家公司的確有一些生意上的往來。他也是從你們公司訂的嗎？」李小姐說。

業務員笑著答「是啊，要做他們那筆生意，我可是不知道開了多少會。不過，自從他們第一次使用之後，我就沒有再登門打擾了。因為後來都是直接續約的，他們公司未來兩年的貨都是由我們提供的。」

「是這樣啊。」李小姐明顯態度好了許多。

業務員再接再厲，說：「對了，貴公司對面大樓的3A集團、美天製造、佳佳公司……都是我們的老客戶了，你要是對我們還是有所保留的話可以打電話問一下，這是他們的電話……」

李小姐笑著說：「這個倒不用了，既然這樣，我們就先合作看看吧，這一期先用你們的，價格上你得算便宜點啊！」

「當然，當然。」業務員邊說便拿出來簽約協議，雙方很快簽了字，生意也談成了。

像上述這樣舉出身邊的實例，實際活用第三者的經驗來做證明給對方正面的印象，可以降低對方的不信任感。因此，儘量舉出和對方有相同屬性環境和立場的第三者，如對方的同業、同事、朋友或名人，只要能轉述這些和對方立場相同的人的經驗談，就能打動對方的心。相對的，你舉出和對方屬性不同或沒有關係的實例，則根本沒有效果，反而會讓對方覺得你的說法很牽強。

這招也是目前很多詐騙集團常用的策略，他們列出一些律師或會計師的見證，誤導你去判斷這些檔案和事件應該是真的，因此你就上了當。

不僅如此，很多小吃店也常掛出某某名人的簽名或名人和店家老闆的合照等證據，讓人不假思索地就信任這家店的品質和信譽；社會上不少神棍或宗教詐騙人士也常用這招，拿出一堆雜誌採訪或政界名人來訪合照的證據，很奇妙的是，只要是人都會吃這套。

語言大師 精華提要

利用實例和人證的方法對勸服人來講，是確實有效的。而且，如果與你交談的人有對你不信任的危機，不妨用這個策略來改變他的看法，讓自己轉敗為勝。

14 用對方的弱點攻破其防線

容易發怒，是品格上最為顯著的弱點。

——但丁【義大利】

當你想改變一個人做某件事的方法，將新方法推薦給他時，他不一定願意採用你的新方法，他會感覺還是老方法好。即使你是上司，也要記得，說服總比強迫好，用說服的方法會使你得到更大的好處，更長遠的好處。

你的目的不外乎是讓他拋棄他的舊思想，接受你的新思想，但是除非他完全相信你的新方法好於他的舊方法，而且還能給他帶來更大的好處，他才可能放棄他的舊思想，接受你的新思想。為了使別人更順暢地接受你的思想，要引導他客觀地、實事求是的檢查他自己的情況，以便於你指出並暴露他的弱點。

當你發現了對方弱點的時候，你可以用這個弱點說服他接受你的觀點。當他明白那確實是他的弱點的時候，他就會敞開胸懷接受你的建議。當你想說服某人接受你的觀點時，最好是先讓他開口說話，讓他替他自己的情況辯護。但你心裡清楚你佔有優勢，這樣，他說著說著就不可避免地要暴露出自己的弱點，你可以用這些弱點攻破他的防線，但最好還是讓他自己發現自身的弱點。

你怎麼才能讓他透露他的觀點呢？不妨向他提出一些主要的問題。為了幫助你儘快掌握這種方法。讓我們聽聽一家大公司的企業關係部主任貝內特女士是怎麼說的。

「如果我的一個新計劃或者一種新思想遭遇一個雇員的阻力，我總會想方設法聽聽他的意見。」貝內特女士說，「他的意見總能給我一些提示，讓我找到向他發問的門路。因為他在談話中，會多多少少暴露出一些弱點，實際上，他也知道這些弱點，但這些弱點對我都是大有幫助的。我請他把反對理由的要點再考慮幾次，然後透過詢問他還有什麼其他想補充的，以發掘更多的情況。

經過詢問一系列的問題，我能夠得到他認為是重要的各種情況。在宣佈我的主張之前，我會告訴他，我對他的觀點很感興趣。一開始我讓他多講話，但絕不能讓他操縱這次對話。我要透過提問來控制形勢，我越問，他的話就會越少，到後來就會張口結舌。這樣，我就完全掌握了主動權。如果你想確保你的思想方法戰勝他的思想方法，你就讓他設身處地發現他自己的弱點，那樣他就會心甘情願地接受你的觀點了。」

你也可以像貝內特女士那樣做，如果你讓說服對象先發表他們的看法，他們就會暴露他們的思想，而你就會發現他們的弱點。當他們意識到自己在談話中有漏洞的時候，就會更願意接受你的觀點。

當然，如果你發現他的舊方法比你的新方法更好，則應保留舊方法而丟棄你的新方法，其結果依然對你有利。

語言大師 精華提要

每個人都有弱點軟肋，只要細心觀察尋找，就可以此作為突破點，讓對方接受和肯定你。

PART 4

活用幽默，營造和諧的交流氛圍

01 聲東擊西：以迂為直，避免過於直接

聲言擊東，其實擊西。

——杜佑【唐】

聲東擊西法，是一種更加含蓄迂迴的幽默技巧。目標向東而先向西，欲要進擊先後退。在利用幽默的語言來回擊或反駁一些錯誤觀點的時候，這種技巧的運用特別有力。

但是，聲東擊西法要取得好的效果，取決於聽眾的靜心默思，反覆品味。因為這種幽默技巧的特點是：你想表達的思想不是直接表達出來，而是以迂為直，被埋藏在所說出來的後面。聽眾在聽完話之後，必須有個回味的時間，才能體會出個中的奧祕，產生

幽默風趣的情緒。

「請問去警察局的路怎麼走？」一個行人停步問路人。

「這很簡單，你用石頭把對面商店的櫥窗給砸爛，十分鐘後你就到了。」

路人似乎是答非所問，他沒有具體回答去警察局的路線，卻提示了去警察局的一種可行的辦法：你只要製造事端，自然有人送你去警察局。這就是聲東擊西法的幽默。

聲東擊西法在不少場合都可以見到：明是說罪，暗裡擺功；明是說愚，暗裡表忠；明說張三，實指李四；欲東而西，欲是而非；敲山震虎，指桑罵槐，含沙射影，等等，都屬於這一類。當然，在日常的生活中，這種聲東擊西法的幽默技巧也可以詼諧地加以運用，以產生強烈的幽默效果。

有一人應友人之邀參加家宴，友人很吝嗇，僅僅招待了他幾滴白酒。

這人臨走對友人說：「勞駕你，請在我的左右腮幫上各打一記耳光吧。」

友人問什麼原因，這人說：「這樣的話，我臉上通紅，老婆才知道我在你家吃飽喝足了，否則，不好交代啊！」

這位吝嗇的友人也覺得不好意思，便拿出一個很大的酒杯，可是倒酒時僅蓋上杯底。這人便向友人要一把鋸子，友人很奇怪，這人回答說：「我是想把這杯子沒用的上半部鋸掉。」

這位先生面對友人的吝嗇不好直說，轉彎抹角，幾句妙語實在值得玩味。既表達了自己的不滿，也譏諷了友人的小氣。

指桑罵槐也是聲東擊西幽默法的一種，也就是明罵桑而實罵槐，運用此法既可達到己方目的，又不授人以柄，避免了正面衝突。此法的技巧主要表現在應對語的選擇上，巧妙地利用詞語的多義性或雙關性等特點來做文章。說話者說出的話語，從字面上的意思看似乎並不是直接針對對方，但話語中卻暗含了攻擊對方的深層意思，使對方雖有覺察卻又抓不住把柄，只好啞巴吃黃連，自認倒楣。

從前，有個盲人被無辜地牽涉到一場官司中，開堂審判時，他對縣太爺說：「我是一個瞎子。」

縣官一聽，立刻厲聲責問：「混帳！看你好好的一隻清白眼，怎麼說沒有眼睛？」

盲人接過縣官的話說：「我雖然有眼睛，老爺看小人是清白，小人看老爺卻是糊塗的。」

這裡，盲人採用的就是指桑罵槐法。他所說的「清白」和「糊塗」，實際上是利用一詞多義的現象而造成一語雙關的修辭效果，進而達了「指桑罵槐」的目的。

表面上看，他說的「清白」是指盲人的眼睛是清白眼，而實際上卻是暗指人自身是清白無辜的。「糊塗」一語，貌似指盲人因眼睛看不清縣官，但實際上卻是說縣官說話做事糊塗，是個糊塗昏官。所以，整句話的表面意思是「小人看不清老爺」，而實際上卻是「我看老爺是個糊塗官」。

這兩句話從形式上看是「指桑」，即回答老爺的回話，從內容看卻是「罵槐」，即暗中譏罵昏官。盲人巧妙利用指桑罵槐法，痛快淋漓地嘲諷了昏官，又使縣官抓不住什麼把柄。

語言大師 精華提要

人生在世，誰不希望擁有一個輕鬆的環境和愉悅的心情？無論是社會、家庭、夫妻間、親朋好友間，都是如此。幽默能使人與人的交流保持一種相對輕鬆的環境，而歡快的笑聲能化解所有的煩憂和苦惱。

02 巧作類比：反常規操作，意義更深遠

類比聯想支配發明。

——培根【英國】

類比幽默法是指把兩種或兩種以上互不相干甚至是完全相反的、彼此之間沒有歷史的或約定俗成的聯繫事物放在一起對照比較，顯得不倫不類，以揭示其差異之處，即不協調因素。在類比幽默中，對比雙方的差異越明顯，對比的時機和媒介選擇越恰當，所造成的不協調程度就越強烈，對方對類比雙方差異性的領會就越深刻，所造成的幽默意境也就越耐人尋味。

人們的日常生活和科學研究一樣，凡分類都是約定俗成，得用同一標準，否則，必然造成概念的混亂，導致思維無法深入進行。人們從小就訓練掌握這種最起碼的思維技巧。如：豬、牛、羊、桃就不能並列在一起，人們會把「桃」刪去，這是科學道理，但並不幽默。在類比分類時，要產生幽默的趣味恰好要破壞這種科學的邏輯規律，對事物加以不倫不類的並列。

趙阿婆的女兒吵著要買嫁妝，趙阿婆氣惱地說：「死丫頭，妳的婚事也不和我商量，東西我不買！」

母女大吵起來，引得許多鄰居來看。

鄰居陳伯站出來說：「妳不能怪她沒和妳商量啊！」

趙阿婆問：「為什麼？」

「妳當年成親時，不是也沒和女兒商量嗎？」陳伯反問道。

趙阿婆一時語塞。女兒卻高興起來，陳伯又轉身對她說：「妳媽不給妳買嫁妝是不對，可是妳媽出嫁時，妳買給她了嗎？人要彼此一樣才好呀！」

母親成親和女兒商量，與母親成親女兒買嫁妝並列一起，都是不可能的事，意思完全相反，差異巨大，但說明了母女二人爭吵的理由，是都沒有為對方著想，因此，經陳伯如此點化，母女二人不得不心服口服。

類比幽默的幽默感是「比」出來的，其情趣也是「比」出來的。這樣就有利於對方心理接受。我們看下面一例：

有一位中學生，成績很好，幾乎每次考試都是全班前兩名。有次考到第五，她媽生氣地說：「去年我為妳感到驕傲，這次妳怎麼了，妳曾經是班上考得最好的呀！」

女兒微笑著說：「每個同學的媽媽都想為自己的孩子考第一而驕傲。如果我老是第一，他們的媽媽要怎麼辦呀？」

得第一的媽媽的心情和成績差的媽媽的心情並列相比，兩種心情完全相反，其趣就生於此。此外，在處理男女關係的過程中，要是你能巧妙地掌握和運用這些因素為自己服務，你將戰無不勝！而這裡所說的技巧就是幽默。

操作類比幽默術時，要注意將智慧和超脫精神結合起來，因為你的智慧能幫你選擇多種的類比對象，而你的超脫精神則能保證你不受一些不合理或常規思想的束縛。當你使用幽默術時，不妨參考一下先輩前人在這方面所留下的經典範例，從中你可以得到不少經驗。

語言大師 精華提要

多一點幽默感，將使你覺得生活樂趣無窮。生活中難免有很多不開心、不如意的事，能夠有點幽默感，我們的快樂也就能多一點，日子也會好過得多！

03 活學活用：以謬還謬，立竿見影

幽默帶來悟力和寬容，冷嘲則帶來深刻而不友善的理解。
——雷普利爾【美國】

人的一生，都是在不停地學習。這個學習包括兩個方面，第一種是學習文化知識，如學生們每天坐在教室裡聽老師講課；另一種則是在實踐中學習，學習各種技術技巧。學習的效果也可以分成兩種，一種是潛移默化式的，另一種就是立竿見影式的——我們把這一種叫做活學活用。幽默技巧中，也有一種方式叫做活學活用式的幽默。

活學活用式的幽默是指在學習別人的做法時，立刻理解並掌握別人的方法，然後將這種方法運用到自己的實踐中，當時學習，馬上應用。

一次，小王向鄰居借了一筆錢，借錢的時候，說好一個月後歸還。一個月後，鄰居向他要錢，他故作驚訝地說：「我沒有借你的錢呀！」鄰居看了看他說：「你忘了嗎？上個月的時候，你向我借的。」

小王故作驚訝地說：「對，的確上個月我借了你的錢，但是，你應該知道，哲學上講『一切皆流，一切皆變』。現在的我已不是上個月向你借錢的我了，你怎麼叫現在的我為過去的我還錢呢？」

鄰居氣得一時無言以對，他回到家裡，想了一會兒，拿了一根木棍，跑到小王家裡狠狠地把小王痛打了一頓。

小王抱著頭氣勢洶洶地叫道：「你打我！我要到法庭去告你，等著瞧吧。」鄰居放下木棍，笑嘻嘻地對小王說：「你去告啊，你剛才不是說『一切皆流，一切皆變』嗎？現在的我，早已不是剛才打你的我了，你如果要去告，就告那個剛才打你的那個我吧。」小王聽了，無話可說，被飽打一頓，也只好自認倒楣了。

案例中的那位鄰居，面對小王不還錢還強詞狡辯的無賴行為，只好活學活用，現學現賣，「你確實要去告，就告那個剛才打你的那個我吧」，這使得小王被打也只能認了。

一個吝嗇的老闆叫僕人去買酒，卻沒有給他錢。

僕人問：「先生，沒有錢怎麼買酒？」

老闆說：「用錢去買酒，這是誰都能辦到的，如果不花錢買酒。那才是有能耐的人。」一會兒，僕人提著空瓶回來了。

老闆十分惱火，責罵道：「你要我喝什麼？」

僕人不慌不忙地回答：「從有酒的瓶裡喝到酒，這是誰都能辦到的。如果能從空瓶裡喝到酒，那才是真正有能耐的人。」

不花錢買酒與空瓶裡喝酒一類比，其內在就出現了針鋒相對的矛盾，諧趣頓生。僕人「現學現賣」的學習靈性，表現了僕人的智慧。

球王比利向足球愛好者們贈送過各式各樣的禮物，像明信片、手帕、襪子、護膝、球鞋、球衣等等，甚至有幾次他被球迷團團圍住，還不得不剪下頭髮相贈。

在一次比賽之後，有個足球俱樂部的老闆擠到比利跟前，竟然向比利要「幾滴血」，他央求比利道：「請給我幾滴血吧，我要把您的血輸進我球隊的中鋒身上，這樣會大大增強他們比賽的意志。」

比利風趣地答道：「先生您能不能送我幾滴血呢?那樣就能大大增加我的財氣啦！」輸比利的血能增強比賽的意志，那麼輸老闆的血自然也就應該能增加財氣啦！只要前者能夠成立，那麼後者也應該能夠成立！看來比利不僅是球王，而且還很有「學以致用」的幽默精神。

活學活用式的幽默跟別的幽默技巧，如以謬還謬，仿造仿擬式的幽默有共通相似的地方，也有不同的地方。活學活用式的幽默關鍵之處是要儘快學習掌握對方的方式、方法，深刻地理解對方的意圖。然後就是馬上學以致用，將學到的方式方法儘快投入使用。在這使用過程中，要注意應巧妙地置換條件，否則按照正常的方式去理解，則就無幽默可言了。幽默的力量，只有突破常規才能顯示出來。

語言大師 精華提要

在生活中，遇到尷尬事是很平常的，如果用平常的語言，你可能無法達到好的效果，而用一些幽默的小技巧就可以做到，還可以顯得你非常有風度和修養。

04 返還幽默：以其人之道，還治其人之身

幽默是一切智慧的光芒，照耀在古今哲人的靈性中間。凡有幽默的素養者，都是聰敏穎悟的。他們會用幽默手腕解決一切困難問題，而把每一種事態安排得從容不迫，恰到好處。

——錢仁康

「以其人之道，還治其人之身」是指按照對方的邏輯去理解或推論，由此及彼，物歸原主，使其搬起石頭砸自己的腳，自食其果。

這種返還幽默法，要善於抓住對方一句話、一個比喻、一個結論，然後把它接過來去針對對方，即把對方給自己的荒謬語言或行為及不願接受的結論，經邏輯演繹後還給

他，以其人之道，還治其人之身。

餐館裡有一位顧客叫住老闆：「老闆，這盤牛肉根本沒辦法咬！」

老闆：「這關我什麼事？你應該到公牛那裡去抱怨。」

顧客：「是呀，所以我才叫你來。」

顧客按照老闆的荒謬邏輯，推論出老闆即是「公牛」，讓對方哭笑不得，自食其果。這位顧客所用的幽默方法就是返還幽默法。返還幽默法一般是對方攻擊有多少分量，就以同等的分量還擊。軟對軟，硬對硬，不隨意加碼，加碼過重會影響幽默情趣。

有個頑童見到一位老人騎著一頭毛驢由城外進來，閒來無事存心想調皮搗蛋一番。

這頑童在老人騎驢朝著他過來的時候，忽然大聲說：「喂！你要不要吃方糖？」

老人見這孩子挺有愛心的，於是高興地回答：「小夥子，謝謝你，我不吃糖。」

這小子竟然說：「我又不是對你說，我是跟你的驢子說！」

路人聽到了都哈哈大笑。

原本以為老人會因為沒面子而大怒，沒想到他一愣，隨即舉起手拍了一下驢頭說：「你這壞傢伙，剛才我問你有沒有驢朋友，你還撒謊說沒有，壞蛋！」

他又打了驢子一下，在路人嘲諷那小子的笑聲中，洋洋得意地走了。

以其人之道，還治其人之身就是要懂得「順藤摸瓜」、「借竿上樹」。

一位闊太太牽著哈巴狗上街，見到衣衫破爛的阿毛，想拿他開心取樂，便對他說：「你只要對我的狗喊一聲爸，我就賞給你一塊大洋。」

阿毛眼珠一轉，笑著說道：「喊一聲給一塊，要是喊十聲呢？」

「那當然給十塊了。」闊太太不假思索地答道。

阿毛躬下身去，順著狗毛輕輕撫摸，煞有介事地喊了聲：「爸！」闊太太笑了一陣，隨手給了阿毛一塊大洋。

阿毛連喊十聲，闊太太很爽快地賞了阿毛十塊大洋。

這時，周圍擠滿了看熱鬧的人。阿毛傻笑著向闊太太點了點頭，故意提高了嗓音，長長地喊了一聲：「謝謝，媽——」圍觀的人大笑不止。

闊太太面紅耳赤，目瞪口呆，半晌方才意會。

故事中的阿毛就是使用了「以其人之道，還治其人之身」式幽默方法，幽默地回敬了闊太太的侮辱。

這種方法用於對付那些耍賴之人最有成效，往往能讓對方的無理取鬧不攻自破，使對方作繭自縛。

一位懶漢到朋友家做客。早晨起床後，自己不但不收拾床鋪，朋友替他疊被時，他還振振有詞地說：「反正晚上還要睡，現在何必去疊！」

飯後，懶漢將碗筷一放，一動不動地坐在沙發上閉目養神。朋友又得收拾桌子，又得洗刷碗具，懶漢說：「反正下頓還要吃，現在何必洗呢？」

到了晚上，朋友勸他把腳洗一洗。懶漢又耍懶，反駁說：「反正還會髒，現在何必要洗呢？」於是，朋友打算懲治他一下。

第二天吃飯的時候，朋友只顧自己，對懶漢不管不顧。懶漢來到飯桌旁，見沒有自己的碗筷，便嚷道：「我的飯呢？」

朋友問道：「反正吃了還會餓，你又何必吃呢？」

睡覺的時候，朋友也同樣只顧自己，不理懶漢，懶漢見狀，焦急地問道：「我睡哪兒？」朋友反駁道：「反正遲早會醒，你又何必要睡？」

懶漢急了，叫道：「不吃、不睡，不是要我死嗎？」

朋友泰然答道：「是啊，反正總是會死，你又何必活著？」說得懶漢啞口無言。故事中的朋友緊緊抓住了懶漢的荒謬邏輯，順竿上樹，以其人之道還治其人之身，使得懶漢無話可說。

總而言之，在使用「以其人之道，還治其人之身」式幽默術時，關鍵在於抓住對方的語言邏輯，然後以此為基點，推出荒唐的結論，令對方的詰難不攻自破。

語言大師 精華提要

以幽默的態度來面對別人的刁難。有幽默感的人，才有能力輕鬆地克服困難，排除隨之而來的倒楣念頭。

05 拒絕偽幽默：不能拿無聊當有趣

幽默只能算是佐料。生活中有幽默，生活更有味。但生活本身不能由幽默構成。就像一盤佐料不能構成一道菜。幽默不能當飯吃。

——劉心武

什麼是幽默？對於幽默的含義，每個人都有自己的理解，當年魯迅、蔡元培、林語堂等大家為譯成「幽默」還是「詼摹」有過一番爭論。

「幽默」一詞在中國得以廣泛流傳，林語堂先生功不可沒。他說，humor既不能譯為「笑話」，又不盡同「滑稽」；若必譯其意，或可用「風趣」、「諧趣」、「詼諧」，無論如何，總是不如音譯的直截了當，也省得引起別人的誤會。凡善於幽默的人，其諧趣必愈幽隱；而善於鑑賞幽默的人，其欣賞尤在於內心靜默的理會，大有不可與外人道之的滋味。

幽默，生動有趣而意味深長，中國古代稱笑話為雅謔或雅浪，而幽默字義有幽者雅也，默則可理解為機智冷靜，林語堂的譯法可謂獨到。

幽默應是對噱頭、調侃、貧嘴、說教、賣弄、裝傻賣乖或尖酸刻薄的超越。在當下流行的文化裡，電視裡，廣播裡讓人感到非常遺憾，實在是因為噱頭、調侃、貧嘴、說教、賣弄、尖酸刻薄和裝傻賣乖等偽幽默已經氾濫成災。

在幽默語言中，不管是舞台表演的，還是人際交往的，性暗示過分強烈的叫做葷幽默或黃色幽默，反之則可以理解為「素幽默」。黃色幽默發生在公開場合，有傷大雅，引人反感，即使本來可能接受它的人，也往往顧忌朋友師長的態度而不知如何反應是好。所以，這種葷幽默最不宜在公眾場合說，否則不但令人不愉快，也會降低自己的魅力。

另外，幽默的製造千萬不要拿別人的要害當原則，勿以諷刺他人為樂。眾所周知，幽默是以社會生活為基礎產生的，它不是虛飄在空中的幻景，它的存在本身體現了人們多方面的社會功利需要，包括懲惡揚善、溝通心靈、調解紛爭等等，這使幽默必然地要和諷刺、嘲笑、揭露聯繫在一起。但是，幽默所有的善意的諷刺、溫和的嘲笑，其中灌注著深厚的情感因素，正像薩克雷《布朗先生致侄兒書》所說的：「幽默是機智加愛。」愛減弱了幽默批評的鋒芒，透過誘導式的意會發生潛移默化的作用。

苛刻的幽默很容易流於殘忍，使人受到傷害、陷於焦慮之中。通常譏諷、攻擊、責怪他人的幽默，也能引人發笑，但是它卻常常造成意想不到的後果，使本應歡樂的場面變得十分難堪。

一位中學教師在出差途中拎了一串香蕉去看望一個多年未見、新近升為副處長的老同學。老同學心寬體胖，雍容富態，開門見是同窗好友，一邊請對方進屋，一邊指著他手中的香蕉謔道：「你何時落魄到走後門了？本處長清正廉明，拒絕歪風邪氣腐蝕賄賂。」一句譏諷的調侃，使教師自尊心受了傷，反感頓生，轉身就走。

顯而易見，幽默既不等同於一般的嘲笑、譏諷，也不是為笑而笑，輕佻造作地耍嘴皮子。幽默畢竟是修養的體現，它與中傷截然不同。幽默笑談是美德，惡語中傷是醜行。真正好的幽默是真情實感的自然流露，是嚴肅和趣味間的平衡，它以一種古怪的方式激發出來，卻經常表現出心靈的慷慨仁慈。

正因為這樣，譏諷他人受到許多幽默理論家的一致反對。林語堂認為幽默與諷刺極近，卻不能以諷刺為目的。諷刺每趨於酸腐，去其酸辣，而達到沖淡心境，便成幽默。但絕對不要諷刺，諷刺會使你和受害者都變得冷酷無情。

如果總是要在與你地位、處境相差很遠，確切地說是比你背景差的人身上打主意，對那些不如你的人拼命調侃，這可算是幽默的一大偽造。客觀而論，站在你的角度上，比你混得差的人可笑之處肯定不少；但如果總是津津樂道地笑話不如你的人，你就會被別人笑話，笑你不厚道、笑你沒出息，專撿軟的吃。

高明的幽默一般是避開、淡化了題材中人物的面目，或者將聚光燈對準「大人物」，找樂子。幽默之所以成為幽默，其必要條件就是使人快樂，而一切痛苦或不愉快的因素都不能因它而生，否則就不是真正的幽默。

當你運用自己的「幽默」時，千萬別輕視別人的職業或種族。職業蔑視很致命，你嘲笑對方本來就不滿意的職業無異於嘲笑對方的才幹、信仰、人品甚至人格，因而隨意玩笑的結果只會造成彼此深切的隔閡。一位向來內向、靦腆的女大學生在自謀職業之時，被迫改變初衷當了一家酒店的公關小姐，她討厭終日在客人面前說笑周旋，而渴望當一名文靜的女教師。一日，當她出席同學聚會時，她最親密的女友迎過來：「哇，好漂亮！全體起立，向我們的賣笑女郎致敬！」歡快的笑聲中，本來春風滿面的她頓時目瞪口呆，隨即傷心地衝出了聚會廳。

人的職業選擇有自願和非自願兩種，因而心理上也會產生驕傲或自卑兩種截然不同的情結。洋洋得意者固然從你的風趣中感受到了羨慕，而更多的失意者則只能從你的調侃裡嗅出輕蔑的氣味，由此產生無法消除的誤解。

同樣的，種族蔑視也是施展幽默的一大障礙。特別是東方人最講宗族，民族的一切都被披上神聖的色彩，輕慢抑或戲謔對於民族感情來說是十分危險的。不但費力不討好，還可能招致災禍，引起強烈的不滿。

幽默家赫伯．特魯有一次去看一個朋友，他以這樣一句話來開始彼此的談話：「我來講個波蘭人的笑話。」

「算了，赫伯，」他的朋友說，「我不想聽。」

「我真不明白，」他抗議道，「你是波蘭裔的美國人，而我也算半個波蘭裔的美國人。為什麼我們不能說個波蘭人的笑話來聽聽呢？」

「算了吧，」朋友堅持，「不要告訴我任何波蘭人的笑話。」

這個例子中所蘊藏的正是一種「說不清道不明」的微妙情緒，如果冒犯它無疑會引發衝突，進而帶來關係與感情的破裂。

語言大師 精華提要

幽默並不等於無聊的笑話，一個油嘴滑舌、喜歡說笑的人並不一定有幽默感。相反的，一個性格拘謹的人如果遇事豁達，也可能有不少幽默細胞。

06 反向求因：往反面去鑽空子

幽默少一分則成為做作。

——劉心武

反向求因幽默法就是要求在推理過程中善於鑽空子，特別是往反面去鑽空子，把極其微小的巧合可能性當做立論的出發點。

在生活中有某種常態，在思維中有某種常理，人們的聯想都為這種習慣了的常態和常理反覆訓練達到自動化的程度，以致一個結果出來，便會自動地聯想到通常的原因。

反向求因法的特點，就是把一個極其微小的可能性當成現實，雖不能最後取消對方提出的另一種更大的可能性，但這種類型的方法更具有喜劇性，是另一種完全否定了原來因果關係的幽默方法。

一位病人問醫生：「我能活到九十歲嗎？」

醫生檢查了一下約翰的身體後，問道：「你今年多大啦？」

病人說：「四十歲。」

「你有什麼嗜好嗎？比如說，喜歡飲酒、抽菸、賭錢、女人，或者其他的嗜好？」

「我最恨抽菸、喝酒，更討厭女人。」

「天哪，什麼都不喜歡，那你活到九十歲時該幹些什麼呢？」

大家原本是不是覺得戒絕菸酒女人能得到肯定的評價，但結果則相反。其實，醫生想表達的是，現實擁有的這一切價值遠遠高於長壽的價值。既然什麼都不在意，長不長壽又有什麼區別呢？

愛因斯坦初到紐約，在大街上遇見一位朋友，這位朋友見他穿著一件舊大衣，勸他更換一件新的。愛因斯坦回答說：「沒關係，在紐約誰也不認識我。」

幾年以後，愛因斯坦名聲大振。這位朋友又遇見他，他仍然穿著那件大衣。這位朋友勸他去買一件新大衣。愛因斯坦說：「何必呢，現在這裡的每一個人都認識我了。」

愛因斯坦的過人之處不僅在於淡泊，而且在於肯定相同衣著時，卻運用了形式上看來是互不相容的理由，以不變應萬變。不管情況怎麼變幻，行為卻一點也不變。

反向求因幽默術在人際交往中很有實用價值，它能讓你在情況極端變幻的情況下，找到有利於自己的理由，哪怕互相對立的理由，也都能為己所用。當然，這種幽默術的功能不但能用於鬆弛人與人之間的緊張關係，有時也可以用相反的目的，使人與人之間的關係保持緊張。

有一個人很窮，但他從來不肯奉承作為他鄰居的富翁，所以兩人關係一直很緊張。

一天，富翁對窮人說：「我有數不盡的錢財，你為何不奉承我？」

窮人答道：「家財是你的，你又不分點給我，為什麼要我奉承你呢？」

富翁說：「好吧，我把家財分兩成給你，那你該奉承我了吧？」

窮人笑著說：「兩成？這樣分法太不公平了，我不會奉承你。」

富翁想了片刻說：「那分一半給你，總該奉承我了吧？」

窮人說：「到那時，你我已經平起平坐，我為什麼要奉承你？」

富翁把心一橫說：「那我把家財全送給你，怎樣？」

「哈！」窮人笑道，「到那時，你窮我富，該是你來奉承我了。」

富翁聽了，黑著臉說：「那你就繼續保持這樣吧！」

喜劇性產生於矛盾的層層轉化，富翁越是期待奉承，就得分給窮人越多的財產；越是多分出財產，就越是減少了被奉承的可能性，直至完全喪失可能。這種方法的好處並非重新另找一個相反的因果，而是由本身演繹出相反的因果線索來。原來是有財要求奉承，要求奉承的結果變成了無財，而無財卻只能去奉承別人。

語言大師 精華提要

幽默能夠幫助我們在社會交往中與人建立一種和諧關係。當我們希望成為能克服障礙、具有樂觀態度、贏得別人喜愛和信任的人時，適當用上它就能達到目的。

07 反唇相譏：在幽默中給予傲慢的人反諷

幽默是一種酸、甜、苦、鹹、辣混合的味道。它的味道似乎沒有痛苦和狂歡強烈，但應該比痛苦和狂歡還耐嚼。

——王蒙

很多人喜歡拿人開玩笑，但大多是出於友好和善意，然而也不乏那種酸味十足，以傷害他人自尊心為樂的人。對於這種人，千萬不能沉默以對，這樣會讓他得寸進尺。不如來個針鋒相對，反唇相譏。他言辭鋒利，你言辭更鋒利，他有氣勢，你比他更有氣勢，以威對威，以勢對勢，義正詞嚴，理直氣壯。同時，在對他的謬論進行抨擊時，製造幽默。

一九八四年十月，在雷根與蒙代爾的總統競選過程中，雷根競選班底的人們認識到，雷根要克服的大難題是他給人一種年紀太大的感覺，不宜當總統了。所以，雷根利用每一個機會就年齡問題說笑話。

第二次論戰是在嚴肅的氣氛中進行的，雷根和蒙代爾就範圍廣泛的各種問題相互進行十分單調的攻擊。老資格的記者亨利·特里惠特向總統提出了一個事先預料的問題：「總統先生，您已是歷史上最年邁的總統了。您的一些幕僚們說，最近在和蒙代爾先生的遭遇戰之後，您感到疲倦。我回憶起甘迺迪總統，他在古巴導彈危機處理中，不得不連續好幾天都很少睡覺。您是否懷疑過，在這種處境中您能履行職責嗎？」

這個既棘手又彬彬有禮的詢問，其意思就是你是否過於年邁，不宜當總統？雷根用反唇相譏法幽默地笑著說：「我希望你能知道，在這場競選中，我不願把年齡當做一項資本。我不打算為了政治目的，而利用我對手的年輕和缺乏經驗。」

在雷根與蒙代爾的最後一次總統競選電視辯論中，蒙代爾抓住雷根已近古稀之年這個問題大做文章，公開對雷根是否有能力履行總統之職表示懷疑。雷根聽後，朝蒙代爾一笑，說：「對方的年輕幼稚，我早有耳聞。但我不會抓住對手的年輕無知、經驗匱乏這一個弱點來攻擊我的對手。但是，這個弱點怎能使美國人民相信、放心他能完美地履行最高行政長官這一職責呢？」

雷根說「不會」怎麼怎麼，實際上已經反駁了對方的錯誤觀點了。政治上的口角之爭從來都沒有停歇過，反唇相譏法幽默可以追溯到古希臘時代：

亞西比德是古希臘的一位了不起的政治家。一天，他跟比他大四十歲的佩里克萊斯大談如何才能治理好雅典。可是老佩里克萊斯對此並無興趣。

「在你這個年紀，我也是像你現在這麼說話的。」佩里克萊斯冷冷地對亞西比德說。

「哦，那時我要能結識您該有多好啊！」亞西比德回答說。

兩人的年齡相差四十歲，一般由於代溝的原因，年齡大的人往往聽不進年輕人的意見，亞西比德說「那時我要能結識您該有多好啊」，正是用反唇相譏法指出了佩里克萊斯老態龍鍾，朽木不可雕也！

反唇相識的要點就是以快打快，以強擊強，達到一種聞之震耳、以正壓邪的作用。這正好成了鮮明的對照，有力地表現自己的立場，準確而有分寸地批評了對方有失身分的惡劣行為。

難怪人們總把激烈的語言交鋒稱為唇槍舌劍呢，有時候兩片嘴唇、一條舌頭，比真槍實彈的威力還要大。試想，要是面對對方的諷刺挖苦，忍氣吞聲隨便搪塞過去，對方一定內心竊喜陰謀得逞，此類攻擊日後一定源源不斷。所以，我們應該把對方的頂撞作為鋪墊，順勢把自己的態度幽默地抖摟出來，可謂棋高一招，效果也是立竿見影的。

語言大師 精華提要

如果我們想要在社交生活中給人一個良好的印象，就得運用幽默。不論做客或是待客都要盡力以此待人。一個面帶怒容或神情抑鬱的人，不會比一個面露微笑、看來健康快樂的人更受歡迎。

08 借題發揮：平淡中生出幽默，壞事也能變好事

笑話給予我們快感，是透過把一個充滿能量和緊張度的有意識過程，轉化為一個輕鬆的無意識過程。

——佛洛德【奧地利】

借題發揮法，顧名思義，就是借現場的人、事、物甚至對方的語言為題，加以發揮、闡述，詮釋出全新的思想來，進而製造了幽默。例如：

德國科學家漢保爾特訪問美國總統傑佛遜的時候，看見他書房裡的一張報紙，上面刊載了對他攻擊辱罵的言論。

「為什麼讓這種誹謗言論在報上發表呢？」漢保爾特拿起那張報紙說道，「這家膽

大妄為的報社為什麼不查禁？或者對該報的編輯加以罰款？」

「把報紙放進你的口袋裡吧，先生，」傑佛遜笑嘻嘻地回答說，「萬一有人懷疑我們是否有新聞自由，你可以把這張報紙給人們看看，並且告訴他們你是在什麼地方找到它的。」

上例中，傑佛遜接過對方的話題，把它與「新聞自由」聯繫起來，令人拍案叫絕。借題發揮常能讓人巧妙地達到自己的目的，尤其在某些場合，它比直言其事更顯得委婉曲折。借題發揮是指巧妙地借助別人的某一話題，引申發揮，出人意料地表達自己的某種思想。在日常生活中，有些場合，有的話不宜直截了當地說，這時巧用借題發揮，會達到意想不到的效果。

相傳南唐時，京師連日未下雨，大旱。於是某日，烈祖問群臣：「外地都下了雨，為什麼京師不下？」大臣申漸高說：「因為雨怕抽稅，所以不敢入京城。」烈祖聽後大笑，並決定減稅。

申漸高的話就是借題發揮，巧借烈祖的話，引申發揮了京城的稅多，應該減稅的意思。非常巧妙，效果也很好，烈祖在笑聲中接受了他的意見。

在現實生活中，由於受傳統文化的影響，人們的大腦中存在著許多忌諱觀念。如大年三十不能說「死」、「亡」、「滅」等不吉利的詞語，吹滅蠟燭應當說成「止燭」；婚宴上不能說「離」、「散」、「死」等詞語。諸如此種禁忌，在我們的生活中很多很多，但有時不自覺地說出或做出了一些有違「大忌」的話或事時，也可以運用借題發揮的幽默術來消除尷尬，抹掉人們心頭的陰影。

張天應邀參加一位朋友的婚禮，可是天公不作美，小雨從早到晚一刻也未停過。等天應趕到朋友家時，衣服上濺滿了星星點點的泥水。

當新人雙雙向他敬酒時，朋友看到他滿身泥水，略帶歉意地說：「冒雨前來，叫你辛苦了。這都怪我沒選好日子。」

天應趕忙接過話後幽默地說：「老兄此言差矣，自古道：『久旱逢甘雨，他鄉遇故知，洞房花燭夜，金榜題名時』，這是人生的四大喜事，讓你們小倆口一天就趕上了兩個，這才叫雙喜臨門呢。」一句話說得滿堂喝彩，大大活躍了當時的氣氛。

天應意猶未盡，接著說道：「既然說到了雨，敝人有首打油詩，藉此機會贈給兩位新人。」接著便吟道：「好雨知時節，當婚乃發生。隨風潛入夜，聽君親吻聲。」一首歪詩吟罷，逗得新娘面頰緋紅，引來滿座歡笑。

上例中，張天機智地臨場發揮，使本來不受婚禮歡迎的雨，瞬息之間帶上了逗樂喜慶的色彩。不過，臨場發揮是很講藝術性的，要發揮得招彩而又得體是不容易的。但只要在這方面做個有心人，不久的將來，你的口中也會妙語連珠，幽默詼諧。

語言大師 精華提要

接受幽默，學會幽默，發散幽默，進而創造我們的生活情趣，昇華我們的思想境界，盡可能提高我們的生活品質，這是幽默的價值所在。

09 娛樂自己：拿自己開開玩笑顯機智

自嘲不一定都是幽默；但幽默的自嘲必是最出色的自嘲；幽默的自嘲彷佛靈魂的熱水浴。

——劉心武

如果你有風趣的思想，輕鬆地面對自己，你便會發現自己可以原原本本地接受自己的身高、體重或其他身體特徵；也會發現幽默能幫你以新的眼光去看你對經濟的憂慮。

也許你無法得到真誠的愛，但是你能讓你的人際關係充滿溫暖和諧——與人分享歡樂，甚至和僅僅有一面之緣的人也會有很好的關係。

自嘲是自己對自己幽默，是消除自己在溝通中膽怯的良方。自嘲是運用戲謔的語言，向別人暴露自身的缺點、缺陷與不幸，說得俗一些，就是把臉上的灰指給對方看。俗話說得好：「醉翁之意不在酒。」自嘲同樣是這個道理，有著獨到的表達功能以及實用價值。

長篇小說《圍城》重版，《談藝錄》與《管錐編》問世以後，錢鐘書的名聲日盛，求訪者愈來愈多，錢鐘書有不願意接受訪問的脾氣。有一天，有一個英國女人打電話給他，要求拜訪，錢鐘書在電話裡說：「如果妳吃了一個雞蛋感覺很好，又何必認識那隻下蛋的母雞呢？」

在這裡錢鐘書自比「母雞」，雖然是有意貶低自己，但卻是在說英國女人沒有必要來拜訪他。正如人們喜歡談論一些關於別人的笑話一樣，在適當的時候，也要拿自己開開玩笑，要善於自嘲。

美國著名的律師喬特是最善於講關於自己笑話的人。有一次，哥倫比亞大學的校長蒲特勒在請他做演講時，曾極力稱讚他，說他是「我們的第一國民」。

這實在是一個賣弄自己的絕好機會。他可以自傲地站起來，一副得意洋洋的神氣，彷彿是要對聽眾說：「你們看，第一國民要對你們演講了。」

但是聰明的喬特並沒有如此。他似乎對這種稱讚充耳不聞，卻轉而調侃自己的「無知」。這種自嘲很快博得了聽眾的好感。

他說：「你們的校長剛才偶然說了一個詞，我有點聽不太懂。他說什麼『第一國民』，我想他一定是指莎士比亞戲劇裡的什麼國民。我想，你們的校長一定是個莎士比亞專家，研究莎士比亞很有心得。諸位都知道，在莎氏的許多戲劇中，『國民』不過是舞台的裝飾品，如第一國民、第二國民、第三國民等等。每個國民都很少說話，就是說那一點點話，也說得不太好。他們彼此都差不多，就是把各個國民的號數彼此調換，別人也根本看不出有什麼分別的。」

這實在是一種非常聰明的方法，它讓自己與聽眾居於同等的地位，拉近了自己與聽眾的距離。他不想停留在蒲特勒所抬舉的那種高高在上的地位上。如果他換一種說法，用莊重一點的言辭，比如，「你們校長稱我為第一國民，他的意思不過是說我是舞台上一個無用的裝飾品而已。」雖然表達的意思是一樣的，但是絕對不能把那種禮節性的贊詞變為一種輕鬆的笑話，也絕對不會取得那樣的效果。

無論是在一幫很好的朋友中，還是在一大群聽眾中，能夠想出一些關於自己的笑話，能夠適當地自嘲，是贏得別人尊敬與理解的重要方法，遠遠要比開別人玩笑重要得多。拿自己開開玩笑，可以使我們對世事抱有一種健全的態度，因為如果我們能與別人平等地相待，就可以為自己贏得不少的朋友。相反的，如果我們為顯示自己是怎樣的聰明而拿別人開玩笑，以犧牲別人來抬高自己，那我們一生一世也難以交到一個朋友，更不用說距離成功有多遙遠了。

成功人士從不試圖掩飾自己的弱點，有時他們還會拿自己的弱點開開玩笑。而現實生活中，我們卻經常可以遇到一些專門喜歡遮掩自己弱點的人，他們也許臉上有些缺陷，也許所受教育太少，也許舉止粗魯，總要想出方法來掩飾，不讓別人知道。但這樣做以後，與之交往的朋友會對他們形成一種不誠懇的印象，使人們不敢再與他交往。

世界上最不幸的就是那些既缺乏機智又不誠懇的人。很多人常常自以為很幽默，經常喜歡拿別人開玩笑，處處表現出小聰明，結果弄得與他交往的人不敢再信任他，以前的朋友也敬而遠之，紛紛躲避。

適當地拿自己開開玩笑吧，這不僅是一種機智，更是驅散憂慮、走向成功的法寶。

語言大師 精華提要

如果在與人交流的過程中出現了難題，要善於克制自己的牴觸情緒，以及無禮的言語和行為。對自己的錯誤，要主動承認，善於應用幽默，自我解嘲地找個台階下，不要頑固地堅持自己的觀點。

10 隨心所欲：正詞歪解也是種幽默

一個真有幽默的人別有會心，欣然獨笑，冷然微笑，替沉悶的人生透一口氣。

——錢鍾書

什麼事都有一個「理」，「理」的存在為人們司空見慣，如果擅自改變事物的前後關係、因果關係、主次關係、大小關係，「理」就會走向歪道，有時歪得越遠，諧趣越濃。

下面的例子是最好的說明：

一位乞丐常常得到一位好心人的施捨。一天，乞丐對這個好心人說：「先生，我向你請教一個問題。兩年前，你每次都給我十塊錢，去年減為五塊，現在只給我一塊，這是為什麼呢？」

好心人回答：「兩年前我是一個單身漢，去年我結了婚，今年又生了小孩，為了家用，我只好節省自己的開支。」

乞丐嚴肅地說：「你怎麼可以拿我的錢去養活你家的人呢？」

乞丐喧賓奪主，對好心人的責怪過於離譜、荒謬，令人們在吃驚之餘啞然失笑。

故意對某些詞句的意思進行歪曲的解釋，以滿足一定的語言交際需要，造成幽默風趣的言語特色，叫人忍俊不禁，進而營造輕鬆愉快的談話氣氛，更好地協調人際關係。詞語有它固定的含義，絕大多數不能按其字面的意思來機械解釋，而曲解詞語法卻偏偏「顧名思義」，突破人們固定的思路或者說跳開常理，因而產生幽默感。

地理考試時，老師要學生簡略描述下列各地：阿拉伯、新加坡、好望角、羅馬、名古屋、澳門。其中小明這樣寫：

從前有個老公公，大家叫他阿拉伯，有一天他出去爬山，當他爬到新加坡的時候，突然看見一隻頭上長著好望角的羅馬直衝過來，嚇得他拔腿跑進名古屋，趕緊關上澳門。

靜態的詞語大多是多義的，但是在一定的語境之下使用就轉為動態了。動態詞語一般則是單義，曲解詞語法就是利用語言的多義性，即明知是甲義，偏理解為乙義，有意混淆它們，以求產生幽默的效果。

曲解詞語法除了經常「顧名思義」、「利用多義」之外，還常利用音同音近的諧音。比如，歇後語即是用這種曲解詞語的手法創造成功的。當你使用這些歇後語時，也就是在不知不覺地使用曲解詞語法。如：

嗑瓜子嗑出臭蟲來了——什麼仁（人）兒都有

石頭蛋子醃鹹菜——一鹽（言）難近（盡）

一二三五六——沒四（事）

從上面我們可以看出，強烈的幽默效果往往產生在故意曲解某些詞語的含義中。所以，當你使用曲解詞語法時，一定要讓人感到你是故意曲解詞語，而不是「無意」，否則，也許會讓人以為你是天字第一號的大傻瓜。當然，特定的語境加你的聰慧，會讓你成功的。

望文生義法是一種巧妙的幽默技巧。運用它，一要「望文」，即故作刻板地就字釋義；二是「生義」，要使「望文」所生之「義」變異和與這個「文」通常的意義大相徑庭，還要把「望文」而生義引向一個與原意風馬牛不相及的另一個內容上，進而在強烈的不協調中形成幽默感。因為所有的幽默，從整體上說，都是來源於不協調。

邏輯上，一個詞語可以表達不同的概念，將錯就錯、巧換概念就是在論辯中故意曲解某一詞語在對方論辯中的意思，巧妙換意，出其不意地駁倒對方。

威爾遜在任新澤西州州長時，接到來自華盛頓的電話，說新澤西州的一位議員，即他的一位好朋友剛剛去世了。威爾遜深感震驚和悲痛，立刻取消了當天的一切約會。過了一會兒，他接到了新澤西州的一位政治家的電話。

「州長，」那人結結巴巴地說，「我，我希望代替那位議員的位置。」

「好吧，」威爾遜對那人迫不及待的態度感到厭惡，但他還是回答說，「如果殯儀館同意的話，我個人是沒有什麼意見。」

面對這位迫不及待地企望登上議員位置的新澤西州政治家，沉浸在深深悲痛之中的威爾遜非常委婉幽默卻又毫不留情地予以了嘲諷和回擊。威爾遜運用的幽默手法，是用曲解的辦法，暗中轉換了對方話中希望得到的「位置」的概念。對方原來覬覦的是議員的席位，而威爾遜故意置換為已去世的議員在殯儀館所在的位置，進而在幽默之中表達了對對方的反感和諷刺。

歪解幽默法就是以一種輕鬆、調侃的態度，隨心所欲地對一個問題進行自由的解釋，硬把兩個絲毫沾不上邊的東西拉在一起，以造成一種不和諧、不合情理卻出人意料的效果，在這種因果關係的錯位和情感與邏輯矛盾之中，產生幽默的手法。

幽默不是科學，不是邏輯，而是一種雍容豁達的生活態度，是用巧妙的手段來宣洩情感而又不致造成傷害的一種方式。只有把握了幽默只屬於人的情感、人的心靈這一個本質，才會瀟灑自如地突破常規，用看似荒謬的理由去解釋生活，解釋自己與他人，為生活製造一點笑聲、一點樂趣。

語言大師 精華提要

歪解幽默法作為一種幽默技巧，並不神祕，也不深奧，只要是出於表達情感的需要，只要是不那麼死心眼地有一說一，有二說二，那麼在交際溝通中，誰都可以用它幽默一下。

PART 5

善意的謊言也可以是最美的語言

01 謊言有時比真話更有效

如果真理得到信任是這麼難，那謊言就一定是這裡通行的貨幣。

——席勒【德國】

說謊當然是不好的行為，是社會道德規範所不允許的。但在某些條件下，謊言又有著它獨特的作用。所以，談判時為了說服對方，可以說些善意的謊言，以求得真話難以取得的效果。

一次，某市與一家外國公司代表就建立化肥廠事宜進行接觸，幾次會議都很順利，雙方確定了利用港口優越條件的專案。後來，另一家外國公司也參加進來聯合辦化肥廠。

在第一次三方談判中，另一家外國公司的董事長出席，在聽過中外雙方已經進行的一些籌備工作介紹之後，他斷然表示：「你們前面所做的一切工作都是沒有用的，要從頭開始！」

聽到這話，中、外雙方代表都感到很為難。因為，在此以前，雙方已經做了大量耐心細緻的工作，僅編制可行性研究報告一項，就動員了十多名專家，耗資二十多萬美元，費時三個月才做完。但是，這位董事長有著很高的權威性，他的公司在前面那家公司的所在國，擁有許多企業的大量股票，他的話沒有人敢於反駁。

一位地方政府代表打破了沉默，他說：「我代表地方政府聲明：為了建立這個化肥廠，我們確定了一處接近港口、地理位置優越的廠址。也為了尊重我們的友誼，在其他許多合資企業向我們申請這塊土地的使用權時，我們都拒絕了。如果按照董事長今天的提議，事情會無限期地拖延下去，那我們只好馬上把這塊土地讓出去了。對不起，我還有其他重要的事，我宣佈退出談判，下午我等待你們的消息。」說完，他拎起皮包就走出了談判廳，躲到別的房間看報紙去了。

半小時以後，另一位代表跑來向他報告好消息：「董事長說了，快請那位先生回來，他們強烈要求迅速徵用港口的場地……」接下來，談判進行得非常順利。

在上述談判之中，由於談判對手有一定聲望，當面唱反調會讓對方失了面子，不利於談判，於是，地方代表用「謊言」描畫出一幅競爭激烈，時不我待的情景，對方自然就不敢再堅持己見，心甘情願地做出了讓步。由此可見，「謊言」有時是比真話更有效的。

語言大師 精華提要

有時候，說謊並非是出於惡意的，只是因為謊言可以比真話還要好的效果，所以選擇了說謊。

02 謊言要讓說謊的人自身輕鬆

真話好說，謊話難編。
——藏族諺語

基於樂觀思考的謊言是人類進化的原動力，也是能給我們帶來幸福的有價值的謊言，我們要用組織好的、積極的語言，明確地描繪出未來的情景。更重要的是，在我們用積極的語言描繪未來的同時，自己也會被極大地感染、感動。

好的謊言，是由讓人心情舒暢的話語組成的。我們要盡可能使用所有表示快樂、舒暢、堅強、美麗、溫暖、安全、善良、偉大等的正面詞語。但是如果你認為『既然說謊就可以實現願望，那我一定要想出一個好的謊言』，這也是不對的。拼命地想出一個好的謊言，這本身就不是一件讓人舒服的事情。要創造一個好的謊言，首先，就是要讓自己放輕鬆。

下面先由一個真實的例子著手。

黃先生因為工作關係每個月都要去菲律賓的一家醫院。有一天，黃先生搭乘菲律賓航空公司的飛機返回日本。在飛機上小睡了片刻，醒來後，發覺飛機的飛行方向好像有點不對勁。那時飛機應該是在中國上空飛行，但實際上飛機飛得很低很低，幾乎都要撞到山上了。

這時，他聽到了機內廣播：「飛機有一邊的引擎停止了運轉，目前飛機無法上升，將立刻返回馬尼拉機場。」當時黃先生所在的頭等艙當時有五、六個乘客，聽到機內廣播後，他們立刻陷入了恐慌。

坐在通道邊的一個男乘客開始用很大的聲音叫喊：「真的沒事嗎？找個人給我們解釋一下。」可能這位乘客看到就黃先生一個人鎮定自若地在那裡看書，以為沒聽懂機內廣播的內容，於是提醒他說：「你聽得懂英文嗎？」

黃先生回答說：「聽得懂。引擎有一邊停止運轉了，對吧。」緊接著他又說：「我有駕駛飛機的經驗。就算只有單片引擎，也可以正常飛行，所以我一點也不擔心。」說完就當什麼事情也沒有發生，繼續看書。

然後，那個男乘客就大聲地跟其他乘客說：「大家聽我說，這個人說他懂得飛機駕駛。他說單片引擎也沒有問題，大家不用擔心了。」飛機裡面混亂的狀況也立刻平緩了下來。

事實上黃先生沒有任何駕駛飛機的經驗，只是曾經坐過塞斯納這種小型飛機的副駕駛座。但是，他說的「一點也不擔心」「一定沒問題」這些話，不可思議地讓自己也平靜了下來，並且覺得：「就是這樣的，一定沒問題。」

最後，飛機平安無事地降落在馬尼拉機場。

大家都很興奮地傳達自己的喜悅，還有人跑來向我道謝。我也覺得自己說的謊起到了作用，得到了很大的滿足。

試想一下如果黃先生那時沒有說那個謊，而是和別的乘客一起擔心、生氣，到機場的那段時間，那他的情緒肯定也是高度緊張的吧，被人感謝後的那種滿足感，自然也沒有辦法享受到了。

語言大師 精華提要

一般來說，說謊者很難心平氣和地說謊，所以，要想說謊，就要先確保自己的情緒可以支撐自己完成整個謊言。

03 怎樣說才能拯救失敗的謊言

真話走的是一條筆直的大道，而且是在眾目睽睽之下，所以對它能夠一擊即中；而謊言走的卻是一條蜿蜒的曲徑，而且是偷偷地爬行，所以對它自然就難以瞄準。

——阿・巴巴耶娃【蘇聯】

在處理自己不擅長的專案時，還能夠拯救失敗的謊言，聽起來雖然搞笑，但是在你周圍的確有這樣的人存在著，大家應該都有過這種想法吧：「處在那種情況下，雖然很不安，但是沒有把困難掛在嘴上，而是讓自己重新振作起來，實在是太好了。」

雲麗有一次和朋友出去旅遊，就充當起嚮導的角色。其實，她看地圖並不怎麼在行，也經常會帶錯路，但她老是有辦法不讓人發現。

她總是信心十足地指揮著其他人：「從這兒往右轉，到下個交叉口再左轉。」當發現自己指錯路後，她也會非常賣力地找一些理由：「從這邊走風景會更好。」「這條路上有一個非常有意思的小店。」她這種非常坦蕩的態度，讓朋友們覺得她很會看地圖。實際上，她自己心裡也沒有把握，不過是她自己把路帶錯的，為了不影響這種難得的快樂氣氛，她只好這樣做。

當然，在普通的國內旅行中把路帶錯了，也沒有什麼太大的影響。倒是實話實說，「不好意思。我帶錯路了」，會讓旁邊的人很難靜下心來；帶錯路的人，也會因為自己的話，變得更加焦急，要找到正確的路也更加困難了。

相反，如果自己跟自己說「我能看懂地圖，我知道正確的路」，這句話就會對大腦產生正面影響，讓自己放鬆下來。在這種又放鬆又舒適的情況下，所有的事情自然也就會向著好的方向發展了。

人們所說的話會影響他們的生活。如果雲麗一直這樣跟大家宣傳自己能看懂地圖的話，有一天，她也許真的會變成很會看地圖的人。

如果你也有什麼不擅長的事情的話，不要說「我一點也不懂」「這不適合我呀」這種話，而要非常堅決地說：「我喜歡做這件事，所以能做好。」這個謊言不但會讓你變得很輕鬆，也會幫助你克服過去所不擅長的事情。

語言大師 精華提要

一旦謊言被別人識破，或是當眾揭穿，千萬不能亂了陣腳，而是要保持冷靜，努力思考，以確保找到最合適的語言來圓場，千萬不能表現出被揭穿的尷尬，那樣就坐實了說謊的事實，以後再也不會有人相信你了。

04 說謊的最高境界就是幽默地說謊

一個人寧可聽一百句謊言，也不想聽一句他不願聽到的真話。

——詹森【美國】

用幽默來武裝自己，笑著說話，會讓你的精神好起來，痛苦也會得到緩解。另外，我們都知道，笑對身體的血液循環是有好處的。就算是說謊，如果看待事物時是持一種樂觀態度的話，對身心也會有非常重大的意義。

說謊的最高境界就是達到輕鬆地說謊，義大利有一部電影叫《美麗人生》。這部電影的主人公是義大利籍的猶太人基多。第二次世界大戰末期，他與妻兒一起被收押在納粹集中營。為了讓他的兒子約書亞的心靈不要蒙上恐怖與悲傷的陰影，他一個接一個地說了很多快樂的謊言。

被關在火車裡的時候，他就對兒子說：「我們是去旅行的。」

到了集中營後，當納粹軍官問誰可以擔任翻譯時，他第一個站了出來，用結結巴巴的德語告訴他們自己可以。因為他擔心別人當翻譯的話，兒子就會知道真相，受到打擊。

於是，他跟兒子說：「我們現在是在玩一場遊戲，就是跟穿著軍服的人捉迷藏。如果到最後你都沒有被發現的話，你會得到一輛真正的坦克車作為獎品。如果你做個乖孩子的話，你的遊戲分數就會慢慢地累積，等累積到了一千分，你就可以坐著坦克車回家了。如果你經常想媽媽，經常哭鼻子的話，就要減分哦。」他成功地讓約書亞相信了他的謊言。

之後的每一天，對於約書亞來說都是在玩捉迷藏的遊戲。等辛苦勞作一天的父親回到家後，躲在床下面的約書亞就會對他說：「今天也沒有被發現哦。」這也給基多帶來了生存下去的勇氣。

為了把自己的思念傳達給關押在同一集中營內的妻子，他躲在廣播室裡，放妻子喜歡聽的音樂。

當孩子們最終被送往毒氣室時，他看準時機告訴約書亞去外面玩捉迷藏，讓約書亞混進了德國小孩子群裡，躲過了危險。

一直到最後基多也沒有為自己考慮，他只考慮妻兒，他就像個喜劇演員一樣努力地表演，並且把這個遊戲玩到了最後。

在集中營這個悲慘的環境裡，基多卻能夠想出「這是一個快樂的遊戲」的謊言，他真是非常偉大。這個謊言在保護兒子遠離恐怖與悲傷的同時，也給了說謊者本人極大的勇氣與力量。尤其是將這種真實的現狀以幽默的謊言表達出來時，更是需要勇氣的。

關在集中營裡的人，生命時刻處在危險中，食物永遠也不夠，勞動強度又是那麼大，說那是最糟糕的狀況一點也不為過。如果他把這些情況直接說出來，只會增加家人的痛苦，壓力也會越來越大，身體也會很快虛弱下去。基多以這種樂觀的態度將不好的話說出口，對家人和自己也是有益的。

語言大師 精華提要

說謊難免會心虛，不過，也不要太過緊張，只要你並不是心存惡意，完全可以用輕鬆幽默的方式演繹你的謊言。

05 積極的語言才能把你帶向美好的人生

使人們寧願相信謬誤，而不願熱愛真理的原因，不僅由於探索真理是艱苦的，而且是由於謬誤更能迎合人類某種惡劣的天性。
——培根【英國】

我們先來考慮一下：好的謊言的受益者是誰呢？答案就是，說謊者本人。因為好的謊言就是有夢想的謊言，是使人感受到美好人生的謊言。

語言對說話者本身的大腦會產生最強的作用，並影響其自律神經系統，使其按照語言所指示的方向去行動。簡單地說，就是如果你說了「好幸福呀」，那你就會覺得心情更加愉悅，腦中的天線裝置就開始收集相關的資訊情報，這樣一來，周圍讓你覺得幸福的事情也會變得多了起來。但如果你說了「真讓人氣憤」天線裝置會收集讓你氣憤的資訊情報，讓你氣憤的事情也會越來越多。當你說讓人心情舒暢的話時，接收到這句話的大腦會分泌出快樂激素，給身體傳遞快樂的信號。在這種狀況下，大腦也會活性化，給自身收集更多的情報，身體也會因此好轉。在這個時候，目的達成裝置在非常高效地運轉著，願望也會更快地實現。

自強是某外貿公司的客戶部副經理，一直以來他的性格比較急躁，稍有不順心，便會向下屬發火。對於交貨的問題整天愁眉苦臉，每天對下屬嚷著「太糟了」「太讓人氣憤了」「沒辦法了」「我身邊怎麼連個會做事的人都沒有」，遇到的挫折也特別多，運氣也顯得特別糟糕，做了幾年的副經理，壓根兒沒有升職的跡象，下屬們見此更是敢怒不敢言，遇到難題挫折也是相互的推託責任。

自強見下屬們這般不負責任，更是急火攻心，他下決心要找找問題的癥結在哪裡，在心理諮詢師的建議下，自強改變了自己的說話方式，他經常說一些積極的話語激勵下屬，「好的」「一定會有辦法的」「沒問題」。後來他的下屬慢慢的願意將問題提出與他探討，一起解決問題，他們的每一天都過得非常順利，即使遇到了困難，他們相信只

要大家一起討論研究就能夠跨過難關，下屬們也漸漸地對他敞開了心扉

你必須要意識到，每天從自己嘴巴裡說出的話擁有很大的威力，這是由人的大腦與自律神經決定的事情。人的自律神經透過大腦皮層來支配身體。而我們的大腦正是透過自律神經將想法傳達到身體各部，進而操縱它們來把我們的想法變成現實。

所以，大家首先需要記住的是：我們一定要說積極向上的話。只要持續使用非常積極的話語，就能累積起相關的重要資訊，於是在不經意之間，你們就已經行動起來，並且逐漸把說過的話變成現實。

語言大師 精華提要

如果謊言是積極向上的，是催人奮進的，那麼這樣的謊言就是可取的，它會將說謊者和傾聽者都往美好的方向引導。

06 你的謊言決定你的命運

漂亮的詞句可以導致品行端正，但是品行不端正的人只能用漂亮的詞句來說謊。

——羅曼・羅蘭【法國】

謊言具有某種強大的能力，它能夠操縱你的命運。你能否操縱命運的謊言法則，將完全影響你的人生。換句話說，你的人生是由你說謊的技巧決定的。你可以認為，你現在的人生就是長久以來你所說的謊言結的果實，你的謊言最終成就了你自己。

當你改變了對謊言的偏見，你的人生也會瞬間發生轉變。你將會發現，謊言真的能夠左右你的現實生活。

朱麗華曾經是個說謊高手，還讀高中的時候，就喜歡天馬行空地想像一些不切實際的東西，也曾經跟周圍的朋友吹噓說：「每天都工作對我來說太沒意思了，我要去享受生活。將來我肯定能拿著企業家才會有的高薪，擁有貴族那樣的興趣。」

儘管朱麗華有著這樣的宏圖大志，但當時的他，只不過是個北海道鄉下的普通高中生。沒有人相信他會實現夢想，在別人看來，那只不過是謊話，是在吹牛皮。

那麼，在幾十年後的今天，朱麗華過著什麼樣的生活呢？

他曾經描繪過的情景、嚮往過的生活，如今已經通通變成了現實。

二〇一六年一月，已經年滿八十歲的朱麗華，收入比普通的企業家還要高出很多，而且財產每年都在遞增。他在銀座、廣尾以及熱海都擁有房產，並且還打算在北海道建一棟木製別墅。他還擁有足夠多的時間去搭乘私人快艇遊玩，去打獵，去滑雪，去攝影。

這就是：「謊言能夠引領你的幸福人生。」

肯定會有人覺得「怎麼可能」「怎麼會有這種事呢」。當然，我們並不是說任何謊言都可以給你帶來幸福。真正能給你帶來幸福的謊言，必須滿足一些相應的條件。而為了獲得幸福，有一些謊言我們是必須要說的。

語言大師 精華提要

美好的謊言寄予了說謊者美好的願望，雖然是謊言，但也會帶著說謊者走向美好，最終謊言會變成真實的美好。

07 能抓住幸福的謊言，與讓幸福溜走的謊言

真話說一半常是彌天大謊。

——佛蘭克林【美國】

我們都知道以「說謊」為主題的《吹牛大王歷險記》和《狼來了》這兩個故事。第一個我們需要注意的，就是男爵的謊言都特別有趣，很不可思議，而且是沒有歹意的。仔細琢磨他們所說的謊話，我們就可以發現，謊言正是開啟幸福之門的鑰匙。在這裡，我們就簡單介紹一下這個故事，作為參考吧。

閔希豪森男爵騎著利托阿尼阿伯爵送的立陶宛名馬，前往戰地。在戰鬥過程中，他

遭到了餓狼的襲擊，馬的後半部分（馬屁股和兩條馬後腿）也被咬了下來。在勇敢地與餓狼拼鬥了一陣之後，被咬下來的馬的後半部分跑去了牧場。於是他就騎著馬的前半部分去追趕馬的後半部分，結果發現，馬的後半部分與其他的馬相處得十分愉快。然後他請一個曾是獸醫的鐵匠用月桂樹的枝蔓把馬的身體縫合起來。月桂枝慢慢地生長，最後長成了房屋的形狀。男爵就坐在月桂樹的樹蔭下，威風凜凜地騎馬馳騁。

在多倫哥戰爭中他被抓，成了俘虜，負責照看蜂箱。有一次，為了保護一隻被熊襲擊的蜜蜂，他朝熊丟了一把銀斧頭。男爵的力氣太大了，以致於斧頭被丟到了月亮上。他種的扁豆纏纏繞繞的不斷生長，藤蔓居然繞到了月亮上。於是，他沿著扁豆的藤條爬到了月亮上，找到了之前被他不小心丟到月亮上的斧頭。但不幸的是，扁豆的枝蔓被火熱的太陽給烤焦了。他只好用月亮上的草重新編了繩子，沿著這個繩子回到地球上。

降到半空中的時候，他想把上面的繩子切斷接在下面繩子的末端，但他剛把繩子切斷，就從天上掉了下來，把大地撞出了一個深達十七米的大洞。最後，他又費了九牛二虎之力，才做好了階梯，從那個大洞裡面爬了出來。

當然，他不是要去欺騙人們，他只是想與人們分享自己的想像，想跟人們一起分享快樂。聽他講故事的人們一邊想著怎麼會有這種事情，一邊被他的故事深深吸引著。

德國詩人畢爾格把他的故事整理成了書，後來倫敦又有人把這個故事翻譯成了英文。這本書一上市就立刻成了暢銷書籍，在全世界引起了很大的關注。就這樣，男爵也因為他說的那些謊言，受到了大家的廣泛關注。同時，人們也認可了他那些不可思議的想像，他成了非常有名氣的人。

從反面教材《狼來了》的謊言中，我們又能看出什麼來呢？

眾所周知，放羊的孩子向村民們撒的謊是「狼來了，羊被吃掉了」。孩子因為放羊的工作太無趣，便欺騙村民們說狼來了。他看到村民們相信了他的話，趕來救他，覺得非常有趣。於是就一次又一次地用同一個謊言來欺騙村民。

他的謊話最終讓村民們感到厭煩，當狼真的來了時，村民們就覺得「又在騙我們了」，誰也不願意去救他，孩子的羊也全都被狼吃掉了。

吹牛的男爵與放羊的孩子，他們兩個人撒的謊，到底有什麼不同呢？

首先就是想像力的範圍不同。放羊的孩子生活的村莊本來就狼多，所以「狼來了」的謊言是可能發生的事情，他只是把有可能發生的說成了已經發生的，他的想像力可以說是非常貧乏的。其次，他一次又一次地重複「狼來了」這句話，謊言的表現力也非常欠缺。再次，他的謊言不僅不能讓人覺得快樂，相反還給村民帶來了很大的困擾，可以說他的謊言是站在光明對立面的謊言。

想要創造幸福未來的人們，一定要在充分掌握吹牛男爵說謊祕訣的同時，避免像放羊孩子那樣去考慮事情。

語言大師 精華提要

謊言有著好壞之分，好的謊言會將人們引向美好的明天；壞的謊言會將人們引向陰暗的角落。我們在對謊言進行選擇時，一定要注意這一點。

08 越是成功人士，越是說謊的天才

> 哪怕是給鋪上千萬朵鮮花，謊言也不會變成真理。
>
> ——巴金

實現自己的夢想越快、抓住幸福越快的人，就越是善於說謊的達人。我們管工作做得好的人、大家都喜歡的人，叫成功人士。他們透過完美的謊言，讓人們在看他們第一眼時，就產生非常強的信賴感。被我們看做成功人士的人們，都有跟吹牛的男爵一模一樣的才能。

例如鼎鼎有名的索尼創業者，已故的井深大先生與盛田昭夫先生。當他們在二戰後的廢墟上剛剛建立起小作坊的時候，就不斷地宣稱「我們要成為全球性的大企業」、「我們的技術世界第一」。

事實上，「二戰」戰敗後，日本非常破敗，連最基本的生活物資都沒辦法提供。在那種狀況下，他們敢於說出「與歐美企業競爭，要做世界第一」這種大話，普通人是完全沒有辦法理解的，大家都覺得那肯定是「騙人的吧」。

但是在他們的帶領下，所有在索尼工作的人，都堅信他們可以做到。最好的證據就是，後來索尼果然成了世界數一數二的大企業，而他們也真的擁有了世界頂尖的技術團隊。仔細想一想你也就明白了，「世界第一」這句話能夠讓聽到的人鬥志昂揚，積極投入到行動中。

索尼的謊言是出於對公司的美好願景與對員工的絕對信任，它們帶給了「索尼人」極大的勇氣，並給了他們朝夢想奮進的力量。如果當時他們只是說「生產出好的東西就行了」這種話，相信結局就會大不一樣了。

他們所說的謊言都和閔希豪森男爵一樣，是令人喜悅與激動的正面謊言，因此才會讓說謊人，以及他身邊人的命運發生不可思議的變化。

能夠帶來好結果的謊言，必須擁有使人信服的力量，這樣它才能讓說謊者與聽謊者之間產生絕對的信賴感，進而成為將不可能變為可能的原動力。

語言大師 精華提要

人生在世，很少人沒說過謊的，有人因為說謊走向成功，有人因為說謊走向毀滅。

所以，我們對謊言要有一定的認識和區分能力，千萬不能讓謊言成為我們成功的絆腳石。

09 人類因為謊言而不斷進步

說真話不應當是艱難的事情。我所謂真話不是指真理，也不是指正確的話。自己想什麼就講什麼；自己怎麼想就怎麼說這就是說真話。

——巴金

前面我們討論的都是謊言對身體的影響。想要更深地挖掘下去的話，我們就需要把視線轉移到人類的啟蒙時代。

人類最早的祖先，據說是在五百萬年前誕生的。美國的最新研究顯示，人類可能是在七百萬年前誕生的。人類與其他的物種得以區分的決定性因素就是直立行走。直立起來行走，這種直立意識直接傳達到了我們的脊髓，並且刺激到了大腦中樞神經，進而促進了我們大腦的進步。

而且，直立行走改變了脖子的角度，連聲帶也受到了影響，於是我們才能開口說話。開始的時候只能說一些單字節，慢慢地這些單字節連貫起來，排列組合形成了能夠表達人類意識的語言。為了更好地記住這些單字節以便再次使用，我們的大腦不得不加速運轉。就這樣，人們從為自己勞動，到慢慢地為別人、為夥伴、為整個村莊勞動，進而開始了集體活動，這就是狩獵採集時代的開始。

隨著體溫不斷升高，毛髮不斷變稀疏，後來又進化出了可以調節體溫的汗腺。除了直立行走以外，人類的其他獨有特徵一個接一個地演化出來。大約在一百五十萬年以前，曾經有一段跨度約十五萬年的冰河期。在漫長的冰河期中頑強生存下來的，就是我們的直系祖先——智人，謊言就產生於冰河期，智人就是靠著謊言才能夠生存下來的。

當時的人們可以分成兩種類型：喜歡做夢說謊的A類型與非常現實的B類型。

A類型的人，天天做夢抓到大獵物，為了抓到更多的獵物，他們想盡了各種方法。「我們先在這裡挖個陷阱。現在你先到山上去看一下鹿群到哪裡了。然後我會帶著其他人去把鹿群趕到陷阱裡去」……他們會與夥伴們分工合作，自由地活用自己的想像，在不知道能不能做到的情況下說大話，先把大家的積極性調動起來，他們每天都非常興奮地去挑戰種種未知，「喜歡做夢說謊的人」換句話說就是「樂天派」。

而非常現實的B類型就對未來沒有奢望，只會尋找別的動物吃剩下來的東西。因為他們不肯花工夫去思考如何抓到更多、更大的獵物，所以能抓到的就全是一些小動物了。

A類型的人雖然經常失敗，但也經常能抓到大塊頭的獵物，從中攝取到更好的蛋白質。眾所周知，越是好的食物，就越能促進人類大腦的發展。所以，慢慢地B類型的人的進化速度與A類型的人相比就有了差距。

當嚴酷的冰河期到來的時候，哪一類人能夠生存下來就是顯而易見的事情了。善於說謊與想辦法的A類型人依靠他們長年累積下來的智慧與經驗，頑強地生存了下來，而十年如一日毫無進步的B類型人則最終走向了滅絕。

由上面這個故事我們可以知道，要想在不確定的未來中生存下來，必須擁有對未來生活的嚮往與夢想。而作為A類型人後代的我們，從一出生就很好地繼承了這種嚮往與夢想，並擁有對未來生活心存希望的能力。

在完全不知道怎麼辦的情況下，他們必須要相信「這麼做就能生存下去」，這是對未來生活的希望。正是因為他們擁有希望，才能忍受嚴寒，才會想方設法去儲備食物。人類在漫長的進化過程中，擁有了說謊的特質。

語言大師 精華提要

人生有著無限的可能性，未來也是不可預知的。我們應該對未來和人生保持美好的想像和憧憬，在一定的時候，謊言或許會成為我們前進的動力。

10 活用謊言可達成自己的期望

在甜言蜜語中間，假話聽起來像真話，真話實際上就是假話。
——萊辛【德國】

謊言有時也是一種權宜之計，為了讓事情的發展趨向自己的期望，有時我們不得不使用謊言來達成。在某些情況下說謊是可以被接受的，我們姑且稱之為「善意的謊言」吧！

在此舉一個傳說為例：很久以前，在印度的一個小山村裡有個很富裕的長者，他擁有一棟豪華住宅。有一天，在長者外出時，他的豪宅突然著火了，火勢蔓延得很快。長者的宅院雖然很大，但卻只修建了一扇門。這突如其來的大火使家人們都很慌張，一個個爭先恐後從屋裡逃到了門外。長者驚聞火災後迅速趕回家來，卻發現他的兒子們尚未逃出來。

此時房子已經陷入火海中，木柱和屋梁都燃起了火苗，灰燼也不停地往下掉。長者愛子心切，奮不顧身地衝進了火海中。他在火海中搜尋兒子們的身影。最後在一間屋子的角落裡，他找到了自己的兒子們。那幾個精力旺盛的孩子還沒感覺到危險正向他們逼近，他們的玩興正濃著呢！長者想衝進去將他們救出來，但無情的大火在他的面前形成了一道火牆，火勢越來越猛，根本無法往前再踏近一步。

情急之下，長者大聲喊叫起來：「孩子們，失火了！失火了！快點出來啊！」

但他的叫喚對還不懂事而且玩得正高興的孩子們來說，絲毫沒有發揮作用，如果不能馬上救孩子們逃離火海，那他們勢必會被燒成焦炭。就在千鈞一髮之際，長者突然想起孩子們這幾天一直在吵著要漂亮的玩具車，因此抱著姑且一試的心理向孩子們大喊：「孩子們，你們不是想要漂亮的羊車、鹿車和牛車嗎？現在我買回來了，正放在門外要給你們喔，快出來拿啊！」

困在火海中的孩子一聽到父親帶回自己想要的羊車、鹿車和牛車，馬上雀躍不已，爭先恐後地跑出火海，一下子便跑出大門。此時，偌大的房屋終於承受不了大火的燃燒而倒塌了。這個出自《法華經》第三章中的三車火宅傳說，內容淺顯易懂，同時也說明了善意謊言的必要性。同樣是想救出孩子，但長者的真話卻沒有引起孩子的注意，可是「一個謊言把孩子們從火海中救了出來」，這個謊言就是所謂的權宜之計。

所以，在必要時說謊是可以被原諒的。生活中許多時候都需要這樣的謊言，如果你的父母罹患癌症，生命危在旦夕，可你卻不能向他們說出實情，只好編一些美麗的謊言，藉以隱瞞事實，以期老人家在最後的日子裡能快樂地度過。換言之，也正因為有了美麗的謊言，才使得老人家在病痛中能充滿希望地頑強支撐。

美麗的謊言可以避免不必要的麻煩，並常常具有意想不到的作用。但在準備說謊時千萬要想清楚，這個謊言是「善意的」還是「惡意的」，希望美麗的謊言能助你一臂之力。

語言大師 精華提要

很多時候，我們活用謊言可以幫我得到想得到的東西。不過，值得注意的是，不要懷著不良企圖或者惡意去說謊，那樣是不正確、不道德的。

11 「善意的謊言」能討人歡喜

任何一個可信的道理都是真理的一種形象。

——布萊克【英國】

生活中，面對有些情景，我們講實話對人、對己、對事都無益。既然真話會傷害別人，我們可以製造一些「謊言」，它可以有著潤滑作用，可以讓人際關係更融洽、更親近。一個滿嘴謊言的人肯定不會受到別人的喜歡。但是，一個人要是連一句謊言也不會說，有時也不會受到別人的喜歡。

人性是具有各式各樣弱點的，完美的人只有在童話或神話中才存在。現代生活中的人都是些凡夫俗子，都有自己的喜怒哀樂，每個人對自己、對他人都常常有各式各樣的不滿，任何人在一起，都難免東家長西家短的議論一下別人，議論的過程中，稍不留神就會把自己的一些情緒帶出來。這些帶著個人情緒的評價並不見得是客觀公正的。如果人們在彼此交往中又把這些情緒話東傳西傳，到最後，這些蜚短流長一定會讓大家的感情都受到傷害，人與人之間的關係變得空前緊張，每個人都生活得特別疲憊。

因此，在人與人的交往中，適當地用一些小小的「謊言」，可以使人際關係更融洽、更親近一些。

語言大師精華提要

即便是善意的謊言，也不是任何時候都可以說的，如果不分場合、不分條件，一味講謊話，那樣就會受到眾人的譴責。

12 適當以「謊言」潤色，避免不必要的麻煩

我相信如果謊話可以用於一時，從長遠看來它必然是有害的；反之，真話從長遠看來必然是有用的，儘管暫時也會發生害處。

——狄德羅【法國】

做人不能太老實，說話不能太真實。夫妻之間更應該這樣。如果你什麼事情都實話實說，只會給自己製造出一些不必要的麻煩，甚至會將夫妻關係搞僵。

永和與他的妻子感情出現了危機，兩人打著鬧著要離婚。本來親密無間的伴侶，怎麼突然之間要離婚呢？原來只是因為永和不經意間說出了一句直來直去的真實話。

一天晚飯後，二人靠在沙發上欣賞正在熱播的青春偶像劇，影片裡男女主角正愛得

如火如荼，女主角深情地問對方：「你到底愛不愛我？」男主角隨即說道：「我當然愛妳，因為妳是我身體的一部分。」

永和聽了這句話後，自言自語道：「這真是個精妙絕倫的回答，簡直堪稱經典。」妻子聽他這麼一說，將他仔細打量一番，便開始不停地質問永和：「你是不是也把我當成你身體的一部分呢？」

永和被問煩了，只好敷衍回答說：「妳當然是我身體的一部分了。」並以為這樣回答就可以交差了，誰料他的妻子聽完之後並不滿足，還是繼續質問他：「那麼，我到底是你身體的哪一個部分？」妻子本來只想聽幾句甜言蜜語，可是永和卻無奈地笑了笑，想儘量迴避這個問題。

妻子步步逼近，再三追問，無奈之中只好將真實的答案脫口而出，他誠懇地對妻子說道：「妳是我的盲腸！」妻子聽了他這句話，失望至極，氣呼呼地提出要和他解除婚姻關係。

一句不經意隨口而出的真實話給永和帶來了偌大的麻煩，這就是直言直語惹的禍。其實，當你面對妻子打破沙鍋問到底的時候，千萬別在情急之中，就將心中那個「正確的答案」脫口而出，因為這個「正確答案」可能會讓你吃足苦頭。

生活裡沒有絕對的真實，世間萬物本來就不是完美的。你又何必老老實實地把自己完全地暴露在別人面前呢？有些祕密該保留的就要讓它留在心中。不管對於戀人信任到怎麼可靠的程度，有一些事情，如果沒有說的必要，在開口說話之前，最好還是考慮一下，這當然是為著彼此安靜的緣故。

在這一原則下，唯一告誡的是千萬不要把你過去的戀情告訴她！這容易在她的心中留下陰影。你的目的是在說明舊戀人不好，根本就沒有說的必要。如果你在說舊戀人比她好，則她的心理反應是：「為什麼你又愛我？」同時，在這心理發展之下，你將會碰到許多的麻煩，日後也不會安寧。

過去的戀情既然不應該告訴你的戀人，那麼，屬於過去戀情的痕跡也不應該出現於戀人的眼前。有些太癡情的男子，對於已經死去的舊戀人念念不忘，往往保存著舊戀人的照片或別的東西作為紀念，這種行為是新戀人所不能接受的。

為了愛情而定制的謊言，往往會收到很好的效果，這也是女性的魅力之一，是女人絕對需要的技巧。尤其是戀愛中的男女之間，謊言的作用好像潤滑油一樣。

例如，約會那天，剛好跟公司的同事發生了一些不愉快的事情，心情非常不好。不過，在見到男朋友的時候，應該馬上改變態度，含笑著說：「我今天過得很愉快，你呢？」說也奇怪，當你這樣講了之後，原本非常懊惱、鬱悶的心情也會立刻一掃而空。這種謊言，不但令對方快樂，同時也暗示自己追求快樂，何樂而不為？

謊言還有避免爭吵、化解危機的功效。

一次，小吳與公司幾位同事去日本旅遊，觀名勝，賞古蹟，尋奇涉險，盡情而遊，竟把當初答應妻子要買禮物送給她的事忘得乾乾淨淨。直到搭機返家時，才猛地想起。

不得已，他只好在機場的一家商店裡買了一件裙子。回家以後，對妻子不敢如實相告，而以謊言哄之：「平日妳提籃買菜，洗碗刷鍋，相夫教子，毫無怨言，真得好好感謝妳。這次去日本，為了買這件裙子，我幾乎跑遍了各大商場才選中了它，也不知道妳喜歡不喜歡，來，試試看！」妻子笑顏逐開，欣然試裝。

試想，如果小吳如實相告，豈不大煞風景，甚至會引起一場「內戰」。雖然夫妻間理應真誠相待不得虛偽和欺騙，但如果每件事都得實言相告，每一句話都不得摻半點假，則不僅無法為家庭增添歡樂，反而還會使原本和睦溫馨的家庭出現裂痕。因而，在不涉及大局，無關「宏旨」的家庭瑣事上，有時不妨以「謊言」來潤潤色，營造出溫情脈脈的氛圍。

語言大師 精華提要

有時候，面對難題，無法將真話全盤托出，此時，只能適當撒點小謊，這樣一來，可以避免很多不必要的麻煩，也會讓對方心情愉悅。

謝謝您購買 說話不能太白癡2：社交達人速成班開課囉！ 這本書！

即日起，詳細填寫本卡各欄，對折免貼郵票寄回，我們每月將抽出一百名回函讀者寄出精美禮物，並享有生日當月購書優惠！

想知道更多更即時的消息，歡迎加入"永續圖書粉絲團"

您也可以利用以下傳真或是掃描圖檔寄回本公司信箱，謝謝。

傳真電話：（02）8647-3660　　信箱：yungjiuh@ms45.hinet.net

☺ 姓名：　　☐男　☐女　　☐單身　☐已婚

☺ 生日：　　☐非會員　　☐已是會員

☺ E-Mail：　　電話：（　）

☺ 地址：

☺ 學歷：☐高中及以下　☐專科或大學　☐研究所以上　☐其他

☺ 職業：☐學生　☐資訊　☐製造　☐行銷　☐服務　☐金融

☐傳播　☐公教　☐軍警　☐自由　☐家管　☐其他

☺ 您購買此書的原因：☐書名　☐作者　☐內容　☐封面　☐其他

☺ 您購買此書地點：　　金額：

☺ 建議改進：☐內容　☐封面　☐版面設計　☐其他

您的建議：

廣告回信
基隆郵局登記證
基隆廣字第57號

新北市汐止區大同路三段一九四號九樓之一

大拓文化事業有限公司收

請沿此虛線對折免貼郵票，以膠帶黏貼後寄回，謝謝！

說話不能太白癡2：社交達人速成班開課囉！

■ 請至鄰近各大書店洽詢選購。

■ 永續圖書網，24小時訂購服務
www. foreverbooks. com. tw
免費加入會員，享有優惠折扣

■ 郵政劃撥訂購：
服務專線：(02)8647-3663
郵政劃撥帳號：18669219